平成プロ野球史

名勝負、事件、分岐点

―記憶と記録でつづる30年―

共同通信社運動部編

共同通信社

平成プロ野球史

名勝負、事件、分岐点―記憶と記録でつづる30年―

共同通信社

はじめに

平成時代が幕を閉じた。昭和時代に黄金期を迎えたプロ野球は１９８９年に昭和から平成に移り、変革の時代に入った。サッカー人気が台頭し、国民的娯楽として君臨していたプロ野球は地盤沈下が起き、危機感が漂った。その中で野茂英雄が鮮烈なデビューを飾り、イチローがシーズン２１０安打という誰も成し遂げられなかった快挙を達成した。

新時代のスターは、やがて海外へと羽ばたいていった。平成７（95）年に野茂が近鉄の首脳陣とのトレーニングなどを巡る意見の相違もあり、米大リーグ挑戦という形で飛び出した。メジャーへの扉が開かれ、トップ選手の海外流出という昭和の時代にはなかった動きが生まれた。

球界を取り巻く経済状況も一変した。平成に入ってバブルがはじけ、プロ野球の経営を直撃。昭和のプロ野球の経営の柱だったテレビ放映権と親会社からの広告宣伝費に依存したビジネスモデルは崩れ、結果として平成のど真ん中だった平成16（２００４）年に球界再編騒動という形で一気に問題が吹き出した。

こう振り返ると逆風の時代だったように映るが、プロ野球の観客動員は平成時代の終盤に過去最高を更新。実は１試合平均の観客数では大リーグを超えている。不況が長期化する中で、地域密着を図り、球場を野球観戦だけの場にせず、ボールパーク化することで新たなファンの開拓に成功。人気が巨人中心、セ・リーグ偏重だった時代は終わり、プロ野球は円熟期を迎えている。

グローバル化もスター選手の流出という悲観的な見方がある一方で、逆に彼らの姿に憧れて野球選手として大きく成長した大谷翔平をはじめとした多くの選手の存在を考えるとき、むしろプラスに働いていると言える。

平成の時代、大きな災害にいくつも見舞われた。選手は絶望的な状況を前に、無力さを感じながらも被災地に寄り添い、ともに戦うことで希望を届けてきた。それは阪神大震災のときの「がんばろうＫＯＢＥ」であり、東日本大震災のときに楽天の嶋基宏がファンに向けて呼び掛けた「見せましょう、野球の底力を。見せましょう、野球選手の底力を。見せましょう、野球ファンの底力を」という言葉に表れた。

本書では平成のプロ野球を1年ごとに区切り、紹介する。セ、パ両リーグの勝敗表や日本シリーズの成績、タイトル獲得者一覧をはじめ、共同通信が毎年12月に配信しているプロ野球十大ニュースなどを資料として付け、その年に起きたことが一覧できるように努めた。

プロ野球ファンにはそれぞれ印象に残っているシーンがあると思う。それは好きな球団や選手の印象的なプレーかもしれないし、自分の人生の転機と結び付いて記憶に焼き付いている場面かもしれない。本書が平成のプロ野球の30年を振り返るときの助けになればと願っている。

平成プロ野球史

名勝負、事件、分岐点
―記憶と記録でつづる30年―

目次

はじめに 3

第1章 トルネード（平成元年～10年）

平成元年［1989年］
球界に新風吹き込む――オリックスが新規参入 13
巨人、崖っぷちから日本一――屈辱晴らし3連敗4連勝 16
順位表、表彰選手、十大ニュース、物故者 17

平成2年［1990年］
野茂、衝撃デビュー――〝トルネード〟球界席巻 18
落合が両リーグ本塁打王――三冠王はならず 20
順位表、表彰選手、十大ニュース、物故者 22

平成3年［1991年］
ラッキーゾーン撤去――甲子園、球場拡大化の流れ 23
ロッテ、千葉に移転――〝川崎劇場〟に幕 26
順位表、表彰選手、十大ニュース、物故者 27

平成4年［1992年］
ヤクルト、ID野球で変革――古田中心に黄金期築く 28
松井のくじ引き当てる――長嶋監督と運命の出会い 31
順位表、表彰選手、十大ニュース、物故者 32

平成5年［1993年］
清原「魂のぶつかり合い」――伊良部、野茂らと名勝負 33
FA制度を導入――要求から7年で実現 36
順位表、表彰選手、十大ニュース、物故者 37

平成6年［1994年］
イチローが210安打――礎築いた特別な一年 38
「10・8」同率首位決戦――長嶋監督「国民的行事」 40
順位表、表彰選手、十大ニュース、物故者 42

平成7年［1995年］
被災地と共に戦った日々――がんばろうKOBE 43
野茂がメジャー挑戦――大リーグの救世主となる 46
順位表、表彰選手、十大ニュース、物故者 48

平成8年［1996年］
「メークドラマ」で大逆転――巨人、11・5ゲーム差はね返す 49
イチロー、球宴で登板――野村監督は反発 51
順位表、表彰選手、十大ニュース、物故者 53

平成9年［1997年］
リトル松井、飛躍の4盗塁――オールスター新記録樹立 54
球界揺るがした脱税事件――現役10選手が起訴される 56
順位表、表彰選手、十大ニュース、物故者 58
平成10年［1998年］
横浜、38年ぶり日本一――マシンガンの陰に投手あり 59
ロッテ、七夕の悲劇――プロ野球ワースト18連敗 63
順位表、表彰選手、十大ニュース、物故者 64

第2章 平成の怪物（平成11年～20年）

平成11年［1999年］
怪物松坂、鮮烈デビュー――イチロー三振で「確信」 67
新庄、敬遠をサヨナラ打――「破天荒」な一振り 69
順位表、表彰選手、十大ニュース、物故者 71
平成12年［2000年］
「ON」が頂上決戦――日本シリーズで盟友激突 72
シドニー五輪でメダル逃す――初めてプロ選手が参加 74
順位表、表彰選手、十大ニュース、物故者 76
平成13年［2001年］
北川、人生変わる劇的一発――代打逆転サヨナラ満塁弾 77
松井、力勝負で2ラン――松坂の速球捉える 80
順位表、表彰選手、十大ニュース、物故者 81
平成14年［2002年］
松井がメジャー挑戦表明――日本一決定直後に決断 82
カブレラ〝聖域〟破れず――ローズに続き55号で止まる 84
順位表、表彰選手、十大ニュース、物故者 86
平成15年［2003年］
阪神、18年ぶりリーグ優勝――星野氏、猛虎復活に導く 87
巨人、原監督が辞任――中日に落合監督誕生 90
順位表、表彰選手、十大ニュース、物故者 92
平成16年［2004年］
球界再編に揺れた一年――苦渋のストライキ 93
新庄、球宴で本盗決める――日本復帰1年目で 96
順位表、表彰選手、十大ニュース、物故者 98
平成17年［2005年］
半世紀ぶりの新球団誕生――楽天、新風吹き込む 99
交流戦がスタート――「改革元年」の目玉 102

順位表、表彰選手、十大ニュース、物故者 103

平成18年［2006年］

王ジャパン、世界で躍動――WBC初代王者に 104
金本、鉄人記録を更新――連続試合全イニング出場 106
順位表、表彰選手、十大ニュース、物故者 108

平成19年［2007年］

山井、幻の完全試合――日本シリーズで快挙目前 109
セ、パでCS導入――議論重ねて定着 113
順位表、表彰選手、十大ニュース、物故者 115

平成20年［2008年］

北京五輪4位に沈む――チーム一丸になれず 116
王監督、突然の退任発表――健康面の不安拭えず 119
順位表、表彰選手、十大ニュース、物故者 120

第3章 二刀流（平成21年～31年）

平成21年［2009年］

イチロー、鮮やか決勝打――WBC連覇導く2点適時打 123
マツダスタジアムが開場――ボールパーク化の先駆け 125

平成22年［2010年］

順位表、表彰選手、十大ニュース、物故者 127
ロッテ〝下克上〟で日本一――史上初の3位から頂点 128
親友にささげた満塁弾――谷、木村コーチの追悼試合 131
順位表、表彰選手、十大ニュース、物故者 132

平成23年［2011年］

セ、開幕日が二転三転――東日本大震災で迷走 133
森福の11球――日本一導く好救援 135
順位表、表彰選手、十大ニュース、物故者 137

平成24年［2012年］

新規参入、変わるチャンス――DeNA、即断即決で新風 138
大谷、二刀流で日本ハム入り――メジャー挑戦か悩む 141
順位表、表彰選手、十大ニュース、物故者 143

平成25年［2013年］

田中、前人未踏の24勝無敗――楽天、東北へ届けた日本一 144
バレンティンが60本塁打――「聖域」49年ぶり突破 147
順位表、表彰選手、十大ニュース、物故者 148

平成26年［2014年］

山本昌が最年長勝利――64年ぶりに記録更新 149

平成27年［2015年］

大谷、最速に並ぶ162キロ――**16年には記録更新** 151
順位表、表彰選手、十大ニュース、物故者 153

平成28年［2016年］

「黒い霧」以来の不祥事――**野球賭博、4人に失格処分** 154
山田、柳田がトリプルスリー――**2人達成は65年ぶり** 156
順位表、表彰選手、十大ニュース、物故者 158

平成29年［2017年］

広島、再び黄金期到来――**25年ぶりVから3連覇** 159
清原氏、薬物使用で逮捕――**球界に衝撃走る** 162
順位表、表彰選手、十大ニュース、物故者 163

平成30年［2018年］

大谷がメジャー挑戦――**投打の「二刀流」** 164
サファテ、最多セーブ更新――**54セーブで日本一貢献** 166
順位表、表彰選手、十大ニュース、物故者 168
ソフトバンク、平成最多日本一――**〝根本マジック〟が礎** 169
アマ球界から直接米国へ――**吉川、結城らが挑戦** 171
順位表、表彰選手、十大ニュース、物故者 174

番外編・平成31年［2019年］

イチローが引退表明――**東京ドームで最後の勇姿** 175

記録アラカルト

選手編
金本が打撃部門3冠――**平成通算ランキング** 180
チーム編
平成最多勝は巨人――**日本一はソフトバンク** 182

あとがき 185
執筆者一覧 189

敬称は省略した

第1章 トルネード（平成元年～10年）

（前ページの写真）

1990年4月、オリックス戦で17個の三振を奪いプロ初勝利を挙げた近鉄・野茂＝西宮

平成元年［1989年］

球界に新風吹き込む

オリックスが新規参入

平成元（1989）年、プロ野球は2球団が新たにスタートを切った。オリックスとダイエー（現ソフトバンク）が、それぞれ関西の電鉄会社の阪急と南海から球団を買収して新球団として1年目を迎えた。

前年の9月、当時オリエント・リース社長の宮内義彦は一本の電話を受けた。主力行だった三和銀行（現三菱UFJ銀行）を通じて阪急から球団譲渡を打診されたという報告だった。最初に出た言葉は「本当か」だったという。

南海には球団売却説が出ていたが、阪急についてはうわさ話すら聞いたことがなかった。「悪いけれど、もう一回、話を聞いてきて」と指示を出した。ほどなくして阪急の売却の意向を再度、確認した三和銀行から連絡が入る。「秘密にしたいので、オリックスにしか話をしていないと言われ、これはえらいことだ」と本格的な検討を始めた。

2018年３月、プロ野球参入の思い出を語るオリックス球団の宮内義彦オーナー＝東京都港区

社名をオリックスに変更することが決まっていた。リース業から経営の多角化を進めており、法人中心から個人向けの事業を拡大している最中で、新社名を浸透させる必要があった。「東芝日曜劇場じゃないけれどテレビ番組ぐらいは買わないといけないのか」と頭を抱えていた時期だった。

球団を持てば広告費は必要なくなる。

「プロモーション費用で帳消しになるなんて本当は考えちゃいけなかったのだけれど、その時は面白さが勝っていた」と電撃的に話はまとまり、10月19日に球団買収が発表された。

球団を持つことの責任の大きさは実際にオーナーになってから知ることになる。熱烈なファンの存在、社会的な役割。「ファンを裏切ってはいけないとの重みは今に至るまで感じています」

宣伝が買収のきっかけだったが、ビジネスとしての可能性は感じていた。経済界で規制緩和の旗振り役を務めてきた宮内は球界でも改革に挑んだ。公募で球団幹部を起用すると次々と新しいアイデアを打ち出す。

ダイエーの福岡移転には2年遅れたが、本拠地を神戸に移して地域密着を図る。阪神大震災後には「がんばろうＫＯＢＥ」をスローガンに被災地に寄り添った。

経済情勢が悪化。社会人野球の地盤沈下が進む中、契約金ゼロ枠を設けて選手を受け入れた。試みは3年で終わったが、育成選手制度として現在につながっている。平成18（２００６）年には京セラドーム大阪をオリックス不動産の傘下に収めて球場と球団の一体経営に乗り出した。球界で主流となりつつあるボールパーク化構想の先駆的存在だ。

プロ野球全体で意識は変化してきた。「フランチャイズが確立してきましたよね。全部、ローカル球団になって、いまだにローカルじゃないと思っているのは巨人だけ。スポーツビジネスにはローカル色がないといけない。米国も完全にローカルですよね。企業の広告宣伝費に使うなんて最も効率の悪い使い方なんです」とスポーツビジネスとして自立すべきだと訴える。12球団の利害は今でも一致していない。それでもパ・リーグは6球団が結束して事業を始めるなど少しずつ前進している。

「遅々として動いている」

政府の総合規制改革会議議長をしていたときに規制緩和が進まない状況を皮肉ったのと同じ言葉で現状を表現する。

「球団が単体で黒字になったときは球団名からオリックスを外します。そう言って30年たってしまいました」と苦笑するが、オリックスが吹き込んだ風は球界を確実に変えている。

巨人、崖っぷちから日本一

屈辱晴らし3連敗4連勝

「平成」の初代王者は「昭和」の時代に盟主として君臨した巨人だった。日本シリーズで近鉄を相手に3連敗から4連勝の大逆転を演じ、8年ぶりの日本一に輝いた。

パ・リーグで西武、オリックスとの大混戦を制した近鉄が第1戦から3連勝で初の日本一へあと1勝とした。だが、第3戦で勝利投手となった加藤哲郎の「シーズンの方が苦しかった」という趣旨のコメントが「巨人はロッテより弱い」と報じられ、風向きが変わった。

〝屈辱の発言〟に燃えた巨人の逆襲が始まる。第4戦で香田勲男が完封勝ちして反撃ののろしを上げると、第5戦ではそれまで無安打と苦しんでいた主砲の原辰徳に満塁本塁打が飛び出した。第7戦ではシリーズの最高殊勲選手（MVP）に輝いた駒田徳広が、因縁の相手の加藤哲から一発。崖っぷちからの逆転劇で藤田元司監督が宙を舞った。

平成元年（1989年）

セ・リーグ　順位表　パ・リーグ

		勝	敗	分	勝率	差
①	巨人	84	44	2	.656	—
②	広島	73	51	6	.589	9.0
③	中日	68	59	3	.535	15.5
④	ヤクルト	55	72	3	.433	28.5
⑤	阪神	54	75	1	.419	30.5
⑥	大洋	47	80	3	.370	36.5

		勝	敗	分	勝率	差
①	近鉄	71	54	5	.568	—
②	オリックス	72	55	3	.567	0.0
③	西武	69	53	8	.566	0.5
④	ダイエー	59	64	7	.480	11.0
⑤	日本ハム	54	73	3	.425	18.0
⑥	ロッテ	48	74	8	.393	21.5

日本シリーズ成績

巨人（藤田監督）4勝3敗　●●●○○○○　近鉄（仰木監督）3勝4敗

セ・リーグ　主な表彰選手　パ・リーグ

最優秀選手	クロマティ（巨）	
最優秀新人	笘篠賢治（ヤ）	
首位打者	クロマティ（巨）	.378
最多本塁打	パリッシュ（ヤ）	42
最多打点	落合博満（中）	116
最優秀防御率	斎藤雅樹（巨）	1.62
最多勝利	斎藤雅樹（巨）	20
	西本　聖（中）	20
最多奪三振	川口和久（広）	192

最優秀選手	ブライアント（近）	
最優秀新人	酒井　勉（オ）	
首位打者	ブーマー（オ）	.322
最多本塁打	ブライアント（近）	49
最多打点	ブーマー（オ）	124
最優秀防御率	村田兆治（ロ）	2.50
最多勝利	阿波野秀幸（近）	19
最多奪三振	阿波野秀幸（近）	183

プロ野球十大ニュース

① 巨人が日本シリーズで3連敗から4連勝
② 近鉄がオリックス、西武との熱パ制す
③ ロッテ・村田兆治が通算200勝
④ 巨人・斎藤雅樹、中日・西本聖と20勝投手が2人誕生
⑤ 西武は清原和博がバットを投げつけるなど不祥事が相次いだ
⑥ クロマティ、ブライアントとセ、パともに外国人がMVP
⑦ 新生ダイエーが観客動員125万人と奮闘
⑧ ダイエーに田淵幸一監督が就任するなど5球団で監督交代
⑨ 吉国一郎新コミッショナーが就任
⑩ 中畑清、若松勉、香川伸行らが引退
次点 ドラフト会議で野茂英雄を最多8球団が指名

主な物故者

4月25日　辻　佳紀　阪神、近鉄、大洋で活躍。「ヒゲ辻」の愛称で親しまれた。
5月22日　佐々木宏一郎　昭和45（1970）年に近鉄で完全試合を達成した。

平成2年［1990年］
野茂、衝撃デビュー

〝トルネード〟球界席巻

平成2（1990）年、〝竜巻〟がプロ野球界を駆け抜けた。前年のドラフト会議で8球団から1位指名を受けた近鉄の野茂英雄が、1年目でいきなり18勝を挙げてタイトルを総なめにする活躍を披露。大きく体をひねる「トルネード投法」で旋風を巻き起こした。

黄金ルーキーはまず、春季キャンプで先輩たちの度肝を抜いた。吉井理人は「大物が入ってきても負けへんわという自信があった」と言う。それが「キャンプで一目見た時に『あ、負けた』と。抑え以外のタイトルは全部取ると思った」と振り返る。

前年19勝を挙げたエース阿波野秀幸も練習でそのすごさを見せつけられた。「遠投は今でも印象に残っている。ほぼ目線の高さで投げていた」と剛球に衝撃を受けたと言う。

開幕から2連敗を喫したが、4月29日のオリックス戦で17三振を奪い、2失点完投でプロ初勝利。伸びのある速球と大きく落ちるフォークボールで奪三振ショーを繰り広げ「ドクター

K」の異名を取った。8月24日のオリックス戦で当時のプロ野球記録となる5試合連続2桁奪三振を達成し、シーズン21度の2桁奪三振をマークした。

吉井は「真っすぐはえげつなかった。オーバースローでバーンと投げて、右打者の外角にいけば外へスライドし、内へいけばシュートしてグンと入ってくる」と速球の威力を語る。バッテリーを組んだ光山英和は「フォークが直球と同じ軌道で、打者も空振りして初めてフォークだったのかと分かる感じだった」と伝家の宝刀の切れ味を証言した。

圧倒的な力で打者をねじ伏せた一方で、リーグトップの109四球も記録した。西武の主力として対戦を重ね、現在は西武の監督を務める辻発彦は「3者連続四球から3者連続三振というのがあった」と規格外の投球を振り返る。

阿波野は「フォームを矯正せず起用し続けたのが、開花した要因だったのでは。お世辞にも制球は良くなかったが、使い続け、彼も自信を深めていった」と我慢して変則フォームの個性を大事に育てた仰木彬監督の功績が大きいと指摘する。

シーズン最終戦となった10月18日のロッ

1990年10月、沢村賞受賞が決まり、ポーズを取る近鉄の野茂英雄投手＝大阪市内のホテル

テ戦に救援登板して打者1人を三振に仕留め、奪三振率をプロ野球新記録の10・99としてルーキーイヤーを締めくくった。

18勝(8敗)、防御率2・91、勝率6割9分2厘、287奪三振で、吉井の想像通り、先発投手のタイトルを全て手中に収め、「自分でもよくやったと思う」と一年を振り返った。

新人王はもちろんのこと、パ・リーグ最優秀選手(MVP)と沢村賞も受賞。沢村賞選考委員会の座長を務め、自身もかつて南海(現ソフトバンク)、巨人でエースとして剛球を投げていた別所毅彦は「先発、完投で三振をいっぱい取る。沢村さんのイメージにぴったりの投手が出た」と最大級の賛辞を贈った。

落合が両リーグ本塁打王

三冠王はならず

中日の落合博満はロッテから中日にトレードで来て4年目となる平成2(1990)年に34本塁打を放ち、セ・リーグに移籍後初めて最多本塁打のタイトルを獲得。史上初の両リーグ本塁打王となった。

４度目の三冠王を目標に掲げて臨んだシーズンだった。本塁打王のライバルと目されていた阪神のラリー・パリッシュが左膝を痛めて8月に退団したこともあり、34本塁打、１０２打点で2冠を獲得した。だが、首位打者争いでは打率2割9分でリーグ13位に終わった。

史上初の両リーグ本塁打王には思わぬおまけが待っていた。オフの契約更改交渉で落合が推定で9千万円増の年俸2億7千万円を希望したのに対して球団は2億2千万円を提示。年が明けてキャンプが始まっても交渉は難航し、日本選手では初の年俸調停にまでもつれた。吉国一郎コミッショナーとセ、パ両リーグ会長による調停委員会は平成3（91）年3月に球団側の提示額が妥当との結論を出した。

平成２年（1990年）

セ・リーグ　　順位表　　パ・リーグ

		勝	敗	分	勝率	差
①	巨人	88	42	0	.667	―
②	広島	66	64	2	.508	22.0
③	大洋	64	66	3	.492	24.0
④	中日	62	68	1	.477	26.0
⑤	ヤクルト	58	72	0	.446	30.0
⑥	阪神	52	78	0	.400	36.0

		勝	敗	分	勝率	差
①	西武	81	45	4	.643	―
②	オリックス	69	57	4	.548	12.0
③	近鉄	67	60	3	.528	14.5
④	日本ハム	66	63	1	.512	16.5
⑤	ロッテ	57	71	2	.445	25.0
⑥	ダイエー	41	85	4	.325	40.0

日本シリーズ成績

西武（森監督）４勝０敗　○○○○　巨人（藤田監督）０勝４敗

セ・リーグ　　主な表彰選手　　パ・リーグ

最優秀選手	斎藤雅樹（巨）	
最優秀新人	与田　剛（中）	
首位打者	パチョレック（洋）	.326
最多本塁打	落合博満（中）	34
最多打点	落合博満（中）	102
最優秀防御率	斎藤雅樹（巨）	2.17
最多勝利	斎藤雅樹（巨）	20
最多奪三振	木田優夫（巨）	182

最優秀選手	野茂英雄（近）	
最優秀新人	野茂英雄（近）	
首位打者	西村徳文（ロ）	.338
最多本塁打	デストラーデ（西）	42
最多打点	デストラーデ（西）	106
	石嶺和彦（オ）	106
最優秀防御率	野茂英雄（近）	2.91
最多勝利	渡辺久信（西）	18
	野茂英雄（近）	18
最多奪三振	野茂英雄（近）	287

プロ野球十大ニュース

① 西武が日本シリーズで巨人に４連勝
② 近鉄・野茂英雄が数々の三振記録を更新して新人王獲得
③ 巨人・桑田真澄に登板日漏えい疑惑
④ ロッテ・村田兆治が現役引退
⑤ 元木大介が１年の浪人の末に巨人入り
⑥ セ・リーグが審判４人制導入で混乱
⑦ ロッテ・金田正一監督が球審への暴力行為で30日間の出場停止
⑧ パ・リーグ審判部が労組を結成
⑨ オリックスが本拠地を西宮から神戸に移転すると発表
⑩ 日本企業の米マイナー球団買収などで日米で摩擦が表面化
次点 門田博光がオリックスから古巣ホークスに復帰

主な物故者

10月10日　濃人　渉　選手づくりの名人。昭和45（1970）年にロッテで監督としてリーグ優勝。昭和46年７月13日の阪急戦で球審の判定に抗議してプロ野球で最後の放棄試合を引き起こした。

平成３年［１９９１年］
ラッキーゾーン撤去

甲子園、球場拡大化の流れ

プロ野球が平成に入って大きく変わったことの一つに球場が広くなったことが挙げられる。平成元年の前年である１９８８年に東京ドームが開場。平成３（91）年にはオリックスが西宮球場からグリーンスタジアム神戸（現ほっともっとフィールド神戸）に、平成４（92）年にはロッテが川崎球場から千葉マリンスタジアム（現ＺＯＺＯマリンスタジアム）に移転し、平成５（93）年にはダイエー（現ソフトバンク）の本拠地として福岡ドーム（現ヤフオクドーム）が開場した。

ドーム化の流れとともに広い球場が次々と誕生する中、平成3年12月5日、甲子園球場の外野に設置されていたラッキーゾーンが撤去された。バットやボールの材質が悪かった戦後間もない昭和22（47）年に、当時の他球場と比較してグラウンドが広かったために、外野の両翼の膨らみをなくす形でグラウンド内にフェンスが設けられていた。

工事で約３時間半かけて１・８メートル四方の金網のフェンス72枚が一枚一枚外され、44年の歴史が幕を閉じた。撤去で両翼は５メートル広がり、最深部で８メートル広がった。平成３年の甲子園球場で行われたプロ野球の公式戦で記録された１０５本塁打のうち、ラッキーゾーンに入ったのは当時のセ・リーグ記録部の推計によると18本。平成３年夏の全国高校野球選手権では実に60％を超える本塁打がラッキーゾーンに入っていた。

阪神のチーム本塁打は平成元（89）年から３年連続で１００本以上をマークしていたが、改修後の平成４年には86本にまで落ち込んだ。

ラッキーゾーンがなくなって最初に行われた平成４年の公式戦は、実は阪神の試合ではなく、高校野球の春の選抜大会だった。開幕戦は後に巨人や米大リーグ、ヤンキースで活躍した松井秀喜が４番に座る石川・星稜と岩手・宮古の対戦。ラッキーゾーン撤去はプロ野球以上に高校野球に影響を及ぼすとみられていた。

この開幕戦で松井は２本の３ランを放ってチームを勝利に導くと、２回戦の東京・堀越戦でも２ランをマークした。現在はヤンキースのゼネラルマネジャー（ＧＭ）特別アドバイザーを務める松井は「撤廃されたことをそれほど意識しなかったが、結果的に本塁打を打って、ラッキーゾーンがなくなってもしっかり打てる打者と見られたのはうれしかった」と振り返る。

平成が終盤に入って〝ゾーン〟復活の動きもある。ヤフオクドームは平成27（２０１５）年に「ホームランテラス」の名称で外野の左中間、右中間部分にせり出すように観客席を設置。ZOZOマリンスタジアムも平成31（19）年に「ホームランラグーン」と称して同様の座席を設けた。集客力アップが主目的だが、結果として本塁打数も増加している。

多少の揺り戻しはあるものの、昭和の時代に比べて球場が広くなったことは間違いない。ラッキーゾーンが撤去された当時、阪神でプレーしていた久保康生は「大胆に攻められるようになった。浜風もあるから、ちょっとのことではスタンドに入らない。どのチームも守備範囲の広い選手が使われるようになった」と野球の質が変化するきっかけになったと証言する。

1992年３月、ラッキーゾーン撤去後初の公式戦として行われた選抜高校野球の開幕戦で、２打席連続の本塁打を放つ星稜・松井秀喜＝甲子園

ロッテ、千葉に移転

〝川崎劇場〟に幕

平成3（1991）年9月4日、プロ野球の実行委員会でロッテの本拠地を川崎から千葉に移転することが承認された。神奈川県は大洋（現DeNA）もフランチャイズにしていたことに加え、球場周辺の再開発が難しく観客動員が伸び悩んでいたために、野球人気の高い新天地へ移ることを決めた。

川崎球場は両翼90メートルと狭く、老朽化も進んでいた。「10・19」として語り継がれている、近鉄がパ・リーグ優勝を懸けて引き分けすら許されない状況で戦ったロッテ—近鉄のダブルヘッダーなど名勝負が繰り広げられた〝川崎劇場〟はプロ野球の球場としては幕を閉じた。

南海（現ソフトバンク）がダイエーに球団譲渡して大阪から福岡へ移るなど本拠地球場の地方移転への動きが加速する中での出来事でもあった。

平成３年（1991年）

順位表

セ・リーグ

		勝	敗	分	勝率	差
①	広島	74	56	2	.569	―
②	中日	71	59	1	.546	3.0
③	ヤクルト	67	63	2	.515	7.0
④	巨人	66	64	0	.508	8.0
⑤	大洋	64	66	1	.492	10.0
⑥	阪神	48	82	0	.369	26.0

パ・リーグ

		勝	敗	分	勝率	差
①	西武	81	43	6	.653	―
②	近鉄	77	48	5	.616	4.5
③	オリックス	64	63	3	.504	18.5
④	日本ハム	53	72	5	.424	28.5
⑤	ダイエー	53	73	4	.421	29.0
⑥	ロッテ	48	77	5	.384	33.5

日本シリーズ成績

西武（森監督）４勝３敗　○●○●●○○　広島（山本監督）３勝４敗

主な表彰選手

セ・リーグ

最優秀選手	佐々岡真司（広）	
最優秀新人	森田幸一（中）	
首位打者	古田敦也（ヤ）	.340
最多本塁打	落合博満（中）	37
最多打点	広沢克己（ヤ）	99
最優秀防御率	佐々岡真司（広）	2.44
最多勝利	佐々岡真司（広）	17
最多奪三振	川口和久（広）	230

パ・リーグ

最優秀選手	郭　泰源（西）	
最優秀新人	長谷川滋利（オ）	
首位打者	平井光親（ロ）	.314
最多本塁打	デストラーデ（西）	39
最多打点	デストラーデ（西）	92
	トレーバー（近）	92
最優秀防御率	渡辺智男（西）	2.35
最多勝利	野茂英雄（近）	17
最多奪三振	野茂英雄（近）	287

プロ野球十大ニュース

① 西武が２年連続日本一
② 広島、山本浩二監督就任３年目で優勝
③ ヤクルト・古田敦也が捕手最高打率で首位打者
④ 中日・落合博満が日本選手では初めて年俸調停申請
⑤ ロッテの千葉移転が決定
⑥ 中日・星野仙一監督が突然の辞意表明
⑦ 仰木彬監督が率いる近鉄の奮闘で２年ぶり〝熱パ〟
⑧ 巨人が12年ぶりBクラス転落
⑨ 西武・清原和博がプロ入り初の大スランプ
⑩ 支配下選手枠拡大と１軍40人枠の翌年からの導入決定
次点 湾岸戦争の影響で西武とヤクルトの海外キャンプ中止

主な物故者

12月５日　服部受弘　投打で活躍。昭和16（1941）年に８本塁打で本塁打王となり、投手転向後は昭和24、25年に２年連続で20勝以上をマークした。

平成4年［1992年］
ヤクルト、ID野球で変革

古田中心に黄金期築く

平成4（1992）年10月10日、ヤクルトが阪神を下して14年ぶりにリーグ優勝を果たし、就任3年目で野村克也監督が敵地で宙を舞った。「ID（データ重視）野球」を掲げ、チームを変革した。それまでもスコアラーの情報はあったが、緻密な分析を加えることで生きた情報に変えた。捕手の古田敦也を中心に若手の成長もあり、万年Bクラスだったチームは生まれ変わった。

野村監督が就任した年に入団した古田は「考える野球。知力を使って勝負したら、弱いチームも勝てるというのが監督の考え方」と語る。ミーティングやベンチでナインは監督の考えをノートに取りながら吸収した。

数字に表れないものに目を向けることを教わった。

「この投手は1点勝負のピンチでは強気な性格が出て直球を選ぶ傾向が強い」

「同じ捕手が出すサインでもバッテリーを組む投手が先輩か後輩かで配球の主導権をどちらが握るかが変わる場合がある」

相手を観察し、考えることで同じ数字が全く違って見えた。「生きたデータを集めた。相手の根拠を探り、先回りして待ち伏せした」と言う。

古田は立命館大時代にドラフト候補とされながらも、眼鏡を掛けていることを理由に指名を見送られた。理不尽だが、当時は眼鏡を掛けた捕手は大成しないというのが球界の常識だった。

「絶対にプロを見返したい」

社会人のトヨタ自動車で悔しさをばねに日本を代表する捕手に成長し、平成２（90）年にドラフト２位でプロ入りした。

1993年２月、春季キャンプで古田の練習を見守るヤクルト・野村監督（右）＝ユマ（共同）

指名されず社会人に進んだ時に「プロに行くための戦略を練った」と言う。乱視が強く眼鏡は外せない。眼鏡のままで評価されないとプロには行けない。ドラフト会議で指名されるためには、アマでナンバーワン捕手と呼ばれるようになるしかない。それには日本代表で活躍するのが近道だと考えた。

まずは、日本代表に選ばれないと何も始まらない。代表監督の野球観や選手選考委員は誰かなどあらゆる情報を集め「選ぶ側が何を望んでいるかを感じながら、一生懸命にやった」と振り返る。その努力は実を結び、昭和63（88）年のソウル五輪で銀メダル獲得に貢献。狙い通りにドラフトでの指名につなげた。

平成4年に打率3割1分6厘、30本塁打、86打点をマーク。攻守の要として混戦のリーグを制すと、日本シリーズの相手は黄金期の西武だった。下馬評は圧倒的に低く、3勝4敗で敗れたが、4試合を延長戦に持ち込んだ。

「やる前は手の打ちようがないと思っていたが、絶対に勝てない相手ではないと感じた」と過大評価していたことに気が付いたという。

翌年の平成5（93）年、日本シリーズで西武を4勝3敗で破り、雪辱を果たした。「絶対に西武を倒したくて1年間やっていた。倒せると思っていた」と名前負けしていたときのチームから一皮むけていた。

自信をつかんだ野村ヤクルトは平成7（95）、9（97）年にも日本一となり、黄金時代を築いた。

松井のくじ引き当てる

長嶋監督と運命の出会い

後に２人同時に国民栄誉賞を受賞することになる長嶋茂雄と松井秀喜の運命が初めて交差したのは平成４（１９９２）年11月21日のドラフト会議だった。石川・星稜高で超高校級スラッガーと騒がれ、中日、ダイエー（現ソフトバンク）、阪神、巨人の４球団が１位指名する中、抽選で松井との交渉権を引き当てたのが、巨人の監督に復帰したばかりの長嶋だった。

サッカーのＪリーグ開幕を翌年に控え、野球の人気低迷が懸念された時期だった。くじを引き当て、満面の笑みで右手の親指を力強く突き立てた長嶋の指導の下、松井は平成を代表する打者に成長する。

長嶋は「４番１０００日計画」を掲げ、松井の育成に力を注いだ。松井は長嶋の自宅や遠征先のホテルで昼夜を問わず、バットを振り込んでそれに応え、日本屈指の強打者として日米通算20年間で２６４３安打、５０７本塁打の数字を残した。

平成４年（1992年）

セ・リーグ　順位表　パ・リーグ

		勝	敗	分	勝率	差
①	ヤクルト	69	61	1	.531	―
②	巨人	67	63	0	.515	2.0
②	阪神	67	63	2	.515	2.0
④	広島	66	64	0	.508	3.0
⑤	大洋	61	69	1	.469	8.0
⑥	中日	60	70	0	.462	9.0

		勝	敗	分	勝率	差
①	西武	80	47	3	.630	―
②	近鉄	74	50	6	.597	4.5
③	オリックス	61	64	5	.488	18.0
④	ダイエー	57	72	1	.442	24.0
⑤	日本ハム	54	73	3	.425	26.0
⑥	ロッテ	54	74	2	.422	26.5

日本シリーズ成績

西武（森監督）４勝３敗　●○○○●●○　ヤクルト（野村監督）３勝４敗

セ・リーグ　主な表彰選手　パ・リーグ

最優秀選手	ハウエル（ヤ）	
最優秀新人	久慈照嘉（神）	
首位打者	ハウエル（ヤ）	.331
最多本塁打	ハウエル（ヤ）	38
最多打点	シーツ（洋）	100
最優秀防御率	盛田幸妃（洋）	2.05
最多勝利	斎藤雅樹（巨）	17
最多奪三振	仲田幸司（神）	194

最優秀選手	石井丈裕（西）	
最優秀新人	高村　祐（近）	
首位打者	佐々木誠（ダ）	.322
最多本塁打	デストラーデ（西）	41
最多打点	ブーマー（ダ）	97
最優秀防御率	赤堀元之（近）	1.80
最多勝利	野茂英雄（近）	18
最多奪三振	野茂英雄（近）	228

プロ野球十大ニュース

①　巨人・長嶋茂雄監督復帰が決まり、ドラフト会議で松井秀喜を引き当てる
②　阪神健闘でセ・リーグ大混戦
③　西武が独走でリーグ３連覇
④　ヤクルトが14年ぶりセ・リーグ優勝
⑤　43年ぶりにアマとプロが試合
⑥　阪神ーヤクルト18回戦でプロ野球最長の６時間26分を記録
⑦　ダイエー・門田博光、近鉄・新井宏昌が現役引退
⑧　西武・石井丈裕がパ・リーグと日本シリーズのMVPをダブル受賞
⑨　ダイエー・根本陸夫、日本ハム・大沢啓二の60歳代のベテラン監督が誕生
⑩　大洋が球団名から企業名を外し、横浜ベイスターズに変更
次点　オールスター戦が仙台で行われ、史上初の地方開催

主な物故者

4月30日　大杉勝男　コーチから「月に向かって打て」と助言されて本塁打打者として開眼。セ、パ両リーグで1000安打を記録。

5月28日　藤村富美男　ミスタータイガース。物干しざおと呼ばれた長いバットでダイナマイト打線の中軸を打った。

平成５年［１９９３年］
清原「魂のぶつかり合い」

伊良部、野茂らと名勝負

「平成の名勝負」のフレーズで語られるとき、必ずと言っていいほど西武、巨人などで活躍した清原和博の名前が挙がる。近鉄の野茂英雄、ロッテの伊良部秀輝、西武の松坂大輔との直球勝負は見る人を魅了した。ユニホームを脱いで10年を経た平成30（２０１８）年にインタビューに応じた清原は３人との勝負を「魂のぶつかり合い」と表現した。

平成５（１９９３）年５月３日のロッテ戦。３―０の八回の打席、伊良部と顔を合わせた。「体感したことのない速さ。異次元の世界」と振り返ったように２ストライクからの３、４球目は当時のプロ野球最速となる１５８キロを計測。ともにファウルにすると７球目の速球を中越えへ運び二塁打にした。

９月15日の対戦では速球をバックスクリーン直撃の２ランとし「自信になった」と振り返る。その伊良部は平成23（２０１１）年に42歳で自ら命を絶つ。切磋琢磨《せっさたくま》したライバルの死を「自

「平成の名勝負」を繰り広げた西武・清原（左）とロッテ・伊良部＝左は1993年９月５日、右は同９月28日、ともに西武球場

殺するなんて。そっちの方が、ショックが大きい」と今でも信じられない思いでいる。

野茂のデビュー戦での対戦も名勝負の一つだ。平成２（１９９０）年４月10日、一回無死満塁で打席が回ってきた。２四球など不安定な立ち上がりだったが、清原には人が変わったように真正面から投げ込んできた。

「第一印象はすごく圧力を感じた。直球を待っていたが、そこへ全部、ストレートを投げ込まれて三振した」

その後の打席では四球を選び、安打を放って、チームの勝利に貢献した。勝負には勝ったと言えるが「覚えていない。やられた感じ。三振したことだけを覚えている」と苦い記憶しか残っていないのだという。

平成６（94）年４月９日の開幕戦ではノーヒットノーラン目前だった野茂から九回に二塁打を放った。「真っすぐを狙っているのを分かっていたと思うが、そこへ投げ込んでくるのはすごい」と今でも感激する。伊良部とともに対決に特別な思いを抱き「ヘッドスピードが上がるし、気合の入り方が違った」とうなずいた。

松坂との対決は巨人に移籍して迎えた平成14（２００２）年の西武との日本シリーズ第1戦で実現した。２－０の三回2死二塁で内角速球を捉えると、打球は東京ドームの左翼後方の上部にある看板を直撃する豪快な本塁打となった。

清原にとって3人は特別な存在だった。「力でねじ伏せてやるという雰囲気がばんばん伝わってきた」と振り返る。名勝負として語り継がれていることには「打者は受け身」と自分の力ではないのだと言う。投手が対決を避ければ当然のことながら名勝負は生まれない。「主導権を持っているのは投手だから投手がそういう気持ちになってくれないと。僕に対してそういう気持ちになってくれたのかな」と逃げずに挑んでくれたことを感謝した。

中日で現役を続ける松坂には「あの時のボールは投げられていないが、野球に対する思いは投球から伝わってくる。思いや気持ちは昔と変わっていない」と活躍を願っている。

ＦＡ制度を導入

要求から7年で実現

平成５（１９９３）年9月21日、選手が自由に移籍できるフリーエージェント（ＦＡ）制度の導入が日本野球機構（ＮＰＢ）と日本プロ野球選手会の間で最終合意した。選手会が昭和61（86）年に導入を要求することを決議してから7年で実現した。

米大リーグが昭和51（76）年の実施後、年俸高騰に苦しんだ先例を見てきた球団側は当初、導入に消極的だった。選手会の「ストライキも辞さず」という決意と、人気がサッカーのＪリーグなどに押され気味だった状況への危機感から、導入へ動いた。

この年のオフは60人がＦＡ資格を取得し、そのうち5人が権利を行使した。松永浩美（阪神）がダイエー（現ソフトバンク）と入団で合意して移籍第1号となり、石嶺和彦（オリックス）が阪神、駒田徳広（巨人）が横浜（現ＤｅＮＡ）、落合博満（中日）が巨人に移籍し、槙原寛己（巨人）は残留した。

その後、ＦＡ制度は定着する。当初、1軍在籍10シーズンだった資格取得条件は段階的に緩和され、平成時代の間に延べ１２１選手が海外を含めて他球団に移籍した。

平成５年（1993年）

セ・リーグ　順位表　パ・リーグ

		勝	敗	分	勝率	差
①	ヤクルト	80	50	2	.615	−
②	中日	73	57	2	.562	7.0
③	巨人	64	66	1	.492	16.0
④	阪神	63	67	2	.485	17.0
⑤	横浜	57	73	0	.438	23.0
⑥	広島	53	77	1	.408	27.0

		勝	敗	分	勝率	差
①	西武	74	53	3	.583	−
②	日本ハム	71	52	7	.577	1.0
③	オリックス	70	56	4	.556	3.5
④	近鉄	66	59	5	.528	7.0
⑤	ロッテ	51	77	2	.398	23.5
⑥	ダイエー	45	80	5	.360	28.0

日本シリーズ成績

ヤクルト（野村監督）４勝３敗　○○●○●●○　西武（森監督）３勝４敗

セ・リーグ　主な表彰選手　パ・リーグ

最優秀選手	古田敦也（ヤ）	
最優秀新人	伊藤智仁（ヤ）	
首位打者	オマリー（神）	.329
最多本塁打	江藤　智（広）	34
最多打点	広沢克己（ヤ）	94
	ローズ（横）	94
最優秀防御率	山本昌広（中）	2.05
最多勝利	山本昌広（中）	17
	今中慎二（中）	17
	野村弘樹（横）	17
最多奪三振	今中慎二（中）	247

最優秀選手	工藤公康（西）	
最優秀新人	杉山賢人（西）	
首位打者	辻　発彦（西）	.319
最多本塁打	ブライアント（近）	42
最多打点	ブライアント（近）	107
最優秀防御率	工藤公康（西）	2.06
最多勝利	野茂英雄（近）	17
	野田浩司（オ）	17
最多奪三振	野茂英雄（近）	276

プロ野球十大ニュース

① フリーエージェント（FA）制度導入
② ドラフト制度に逆指名制度を導入
③ ヤクルトが15年ぶり日本一
④ 巨人に長嶋茂雄監督が13年ぶりに復帰
⑤ 西武がリーグ４連覇
⑥ 西武とダイエーが秋山幸二と佐々木誠を軸に３対３の大型トレード
⑦ 日本初の開閉式球場の福岡ドームが開場
⑧ 広島・山本浩二監督とオリックス・土井正三監督が低迷の責任を取って辞任
⑨ 近鉄・野茂英雄が史上初の４年連続最多勝
⑩ 巨人のルーキー松井秀喜がデビュー

主な物故者

7月20日　津田恒実　広島で炎のストッパーと呼ばれ、平成元（1989）年に最優秀救援投手のタイトルを獲得。平成３年に悪性の脳腫瘍が見つかり任意引退選手となった。

12月7日　森永勝也　広島で球団初の首位打者を獲得。監督も務めた。

平成6年［1994年］

イチローが210安打

礎築いた特別な一年

平成6（1994）年9月20日、グリーンスタジアム神戸（現ほっともっとフィールド神戸）で高校出3年目の外野手が快挙を成し遂げた。オリックスのイチローが六回に園川一美（ロッテ）から二塁打を放った瞬間、プロ野球史上初のシーズン200安打が達成された。

鈴木一朗が「イチロー」となり、一気にスターダムを駆け上ったシーズンだった。監督就任1年目の仰木彬に抜てきされると開幕直後から打ちまくり、リードオフマンとして定着した。

「このペースなら200を目標にしてもおかしくないという感触があった。当時の記録（130試合制での最多安打）が184とは全く知りもしないで、5月には『200本を打つ』と言っていましたね」

5月から8月にかけて69試合連続出塁でプロ野球記録を更新。6月29日の近鉄戦で一時的に打率が4割を超えるとメディアが早くも年間200安打の可能性を報じた。強肩と快足を生かした外野守備、隙のない走塁も玄人筋をうならせ、個性的な言動はプロ野球の枠を超えて社会的な話題となった。

全130試合に出場して210安打、打率３割８分５厘。レギュラー定着１年目に休まずプレーした経験はその後の球歴に大きな意味をもたらした。

「何もかも全力でやる。へばっても自分からは休まない。この一年を今後の大きな指針にする決意でした」

全てを出し切った後の成績、健康状態などをもとに次に何をすべきかを考えた。今や代名詞ともなっている周到な準備、数々のルーティンは、この時の感覚をベースに編み出された。

米大リーグ移籍１年目の平成13（2001）年に新人最多安打を242本で更新。史上２人目のリーグMVP、新人王の同時受賞を果たした。

「あの年も（平成６年と）同じ考え方。とにかく（全てを）やり切る。米国での物差しをつくるために」

1994年９月、プロ野球史上初のシーズン200安打を達成し、ファンの祝福に応えるオリックスのイチロー＝グリーンスタジアム神戸

平成６年の安打のペースは１試合1・62。これを大リーグ公式戦の１６２試合に単純換算すると２６２安打となり、メジャー最多安打記録を更新した平成16（２００４）年の数字と符合する。イチローは前記録保持者であるジョージ・シスラーの名前を初めて意識したのは平成６年だったと明かす。「あのペースで打てば（シスラーの２５７本に）届く。いつか米国でその数字に挑戦したいという思いが初めて生まれた」と言う。

ドラフト４位で入団し、全国的には無名だった青年の生活環境が激変したシーズンでもあった。「人に見られているという感覚が初めて生まれた」と回顧する特別な一年は、イチローに大きな自信と教訓を与え、その長大なキャリアの礎となった。

「10・8」同率首位決戦

長嶋監督「国民的行事」

セ・リーグは巨人と中日が平成６（１９９４）年10月８日にプロ野球史上初めて同率首位のチーム同士が最終戦で優勝を懸けて戦った。全国から注目を浴びたナゴヤ球場での決戦は

「10・8」と呼ばれ、巨人が6—3で勝って長嶋茂雄監督が宙を舞った。

長嶋監督は世紀の一戦を「国民的行事」と名付けた。試合前、異様なムードの中で平常心を失っていた選手を集めて「われわれが勝つ」「絶対に勝つ」などと「勝つ」の言葉を繰り返して鼓舞。槙原寛己、斎藤雅樹、桑田真澄の先発3本柱の継投で総力戦を仕掛けた。打線は4番の落合博満が先制ソロに勝ち越し打、3番の松井秀喜が序盤に送りバントを決めて、本塁打も放つ活躍を見せた。

テレビの視聴率はビデオリサーチがオンラインでの調査を始めた昭和52（1977）年9月以降ではプロ野球史上最高となる48・8％（関東地区）を記録。これはプロ野球中継の平成史上最高視聴率となった。

平成6年（1994年）

順位表

セ・リーグ

		勝	敗	分	勝率	差
①	巨人	70	60	0	.538	―
②	中日	69	61	0	.531	1.0
③	広島	66	64	0	.508	4.0
④	ヤクルト	62	68	0	.477	8.0
④	阪神	62	68	0	.477	8.0
⑥	横浜	61	69	0	.469	9.0

パ・リーグ

		勝	敗	分	勝率	差
①	西武	76	52	2	.594	―
②	オリックス	68	59	3	.5354	7.5
②	近鉄	68	59	3	.5354	7.5
④	ダイエー	69	60	1	.5348	7.5
⑤	ロッテ	55	73	2	.430	21.0
⑥	日本ハム	46	79	5	.368	28.5

日本シリーズ成績

巨人（長嶋監督）4勝2敗　●○○●○○　西武（森監督）2勝4敗

主な表彰選手

セ・リーグ

最優秀選手	桑田真澄（巨）	
最優秀新人	藪　恵市（神）	
首位打者	パウエル（中）	.324
最多本塁打	大豊泰昭（中）	38
最多打点	大豊泰昭（中）	107
最優秀防御率	郭　源治（中）	2.45
最多勝利	山本昌広（中）	19
最多奪三振	桑田真澄（巨）	185

パ・リーグ

最優秀選手	イチロー（オ）	
最優秀新人	渡辺秀一（ダ）	
首位打者	イチロー（オ）	.385
最多本塁打	ブライアント（近）	35
最多打点	石井浩郎（近）	111
最優秀防御率	新谷　博（西）	2.91
最多勝利	伊良部秀輝（ロ）	15
最多奪三振	伊良部秀輝（ロ）	239

プロ野球十大ニュース

① オリックス・イチローが史上初のシーズン200安打
② 長嶋茂雄監督率いる巨人が「10・8」を制してセ・リーグ優勝
③ ダイエー・王貞治監督が誕生
④ 巨人・槙原寛己が完全試合達成
⑤ サッカー人気に押される中でセ、パともに盛り上がる
⑥ 西武・森祇晶監督が日本シリーズ終了後に辞任
⑦ プロ、アマ合同の全日本野球会議を設立
⑧ FAでヤクルトの広沢克実が巨人、西武の石毛宏典、工藤公康はダイエー入り
⑨ 頭部死球は即退場のルール導入
⑩ ロッテがバレンタイン監督を招聘《しょうへい》

主な物故者

5月30日　真田重蔵　ノーヒットノーランを2度達成。シーズン39勝はセ・リーグ記録。現役引退後は大阪・明星高の監督として夏の甲子園大会で優勝した。

平成７年［１９９５年］
被災地と共に戦った日々

がんばろうKOBE

平成７（１９９５）年１月17日、阪神大震災が神戸の街を襲った。オリックスが本拠地として５年目だった。被災した人々の支えの一つになったのは仰木彬監督の下、「がんばろうＫＯＢＥ」を合言葉に優勝へ突き進んだ地元球団の姿だった。

自宅が被災した選手もいた。最終的には全員が沖縄・宮古島に集まったが、春季キャンプの実施も危ぶまれる状況。球団は当初、本拠地グリーンスタジアム神戸（現ほっともっとフィールド神戸）での公式戦の開催を当面、断念して神戸以外での開催を模索していた。

だが、震災発生から約１週間後、神戸市出身の宮内義彦オーナーが東京から岡山空港を経由して現地入りして変わる。いくつもの交通手段を乗り継いで着いてみると、球場は無傷だった。「今、リスケジュールしています。何とか開幕に間に合わせます」との球団からの報告にどうしても違和感が拭えなかった。

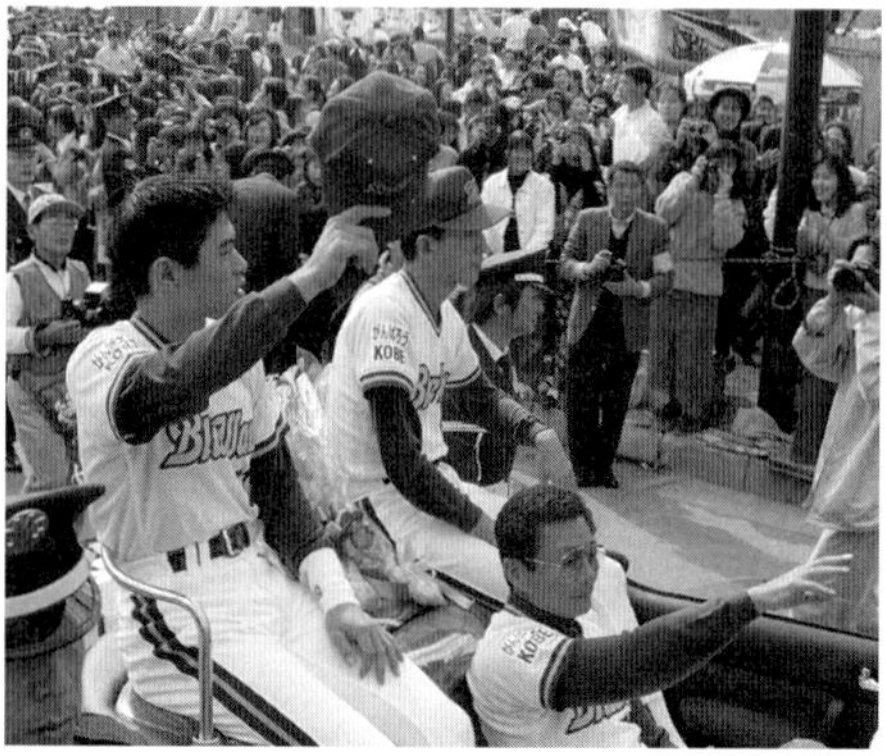

1995年11月、「がんばろう KOBE」のロゴが入ったユニホームを着て優勝パレードするイチロー（左端）らオリックスナイン。右下は仰木監督＝神戸市

「やっぱり、それは違うんじゃないか。市民球団とか言いながら、それはないよ。お客さんが一人も来なくても、スケジュール通りにやる」と気が付けば宣言していた。自分でも無茶な号令だと思ったと言うが、それが市民球団としての責任だと考えた。

ロッテとの開幕戦を迎えた４月１日は、ようやくＪＲの大阪―三ノ宮間が全線で運転を再開した日だった。交通手段もままならない中、３万人の観客が駆け付けてくれた。二塁手としてグラウンドに立った福良淳一は「お客さんがスタンドにいて…。それしか印象にない。勝ったか負けたかも、相手がどこやったかも覚えてない。神戸でできた、それだけ」と振り返る。

チームは開幕を白星で飾ると６月中旬から首位を譲らなかった。前年にシーズン２１０安打のプロ野球記録を樹立したイチローが打線をけん引。８月26日には佐藤義則が40歳の投手では初の無安打無得点試合を達成するなど神戸の人たちの声援を力に快進撃を続けた。

優勝へのマジックナンバーを「1」として迎えた9月15日からの本拠地でのロッテ3連戦。ここであと1勝を挙げられなかった。17日の3戦目、3－1の八回に高校出2年目で抑えを任されていた平井正史を投入したが、5点を失って逆転負けした。平井は今でもその話になると「途中交代はその試合が初めてだった。神戸で決めたかった」と悔しがる。

優勝が決まったのは、その2日後、敵地での西武戦だった。序盤から得点を重ね、八回にイチローが本塁打を放つと最後は平井が締めた。仰木監督は「みんなよくやった。神戸の皆さんにも喜んでもらえて本当に良かった」とうなずいた。

翌年の平成8（96）年9月23日、グリーンスタジアム神戸での日本ハム戦。延長十回、イチローがサヨナラ二塁打を放ち、リーグ2連覇を決めた。本塁に走者が生還する姿を目で追っていたイチローは試合が決まった瞬間、くるりと地元ファンで埋まった右翼スタンドに向き直すと両手を挙げて飛び跳ねた。前年に達成できなかった本拠地での胴上げ。悲願を達成した喜びを神戸のファンとともに分かち合った。この年、オリックスは日本シリーズも制し、仰木監督は神戸で2度、宙に舞った。

イチローと鉄壁の外野陣を築いた田口壮は後に米大リーグでワールドシリーズ制覇を経験しているが「全く違う。神戸で勝った、オリックスで勝った95年と96年というのは、震災があって、復興があって。本当に特別な2年間だった」と言う。被災地に寄り添った日々は、チームにとっても忘れられない時間になった。

野茂がメジャー挑戦

大リーグの救世主となる

平成7（1995）年5月2日、サンフランシスコ湾のほとりにある米大リーグ、ジャイアンツの本拠地キャンドルスティックパークのマウンドにドジャースの野茂英雄が上がった。5回1安打無失点。日本選手として30年ぶりのメジャーデビューを果たしたが「歴史をつくったとか、そういうのは関係ない」と表情を緩めることはなかった。

大リーグ移籍は祝福されて実現したわけではない。平成6（94）年オフ、近鉄に複数年契約を申し入れたことが発端だった。元々、調整法を巡って首脳陣との意見の相違があったこともあり、球団との交渉は難航。年が明けた1月9日に退団してメジャーに挑戦すると発表された。

体を大きくひねるトルネード投法と呼ばれる独特なフォームから繰り出すフォークボールを武器にナ・リーグ1位の236三振を奪い、13勝を挙げてチームの地区優勝に貢献。日本選手初の新人王に輝いた。野茂の起こした旋風は、前年8月から選手会がストライキに突入していた影響でファン離れが懸念されていた大リーグにとって救世主となった。

昭和39（64）、40（65）年にジャイアンツで救援投手として活躍した村上雅則は、南海（現ソフトバンク）から〝武者修行〟として派遣されたマイナーでプレーしている中での昇格だった。野茂の成功はそれまで一方通行だった日米球界の関係を一変させた。

ソフトバンクの王貞治球団会長は自身の現役時代を振り返り「われわれの頃は米国を戦う前から仰ぎ見てしまっていた。野茂君が厚い壁を突破したことでコンプレックスがなくなった」とたたえる。イチロー、松井秀喜から大谷翔平まで平成の時代に50人を超える日本人大リーガーが誕生した。

平成７年（1995年）

セ・リーグ　順位表　パ・リーグ

		勝	敗	分	勝率	差
①	ヤクルト	82	48	0	.631	―
②	広島	74	56	1	.569	8.0
③	巨人	72	58	1	.554	10.0
④	横浜	66	64	0	.508	16.0
⑤	中日	50	80	0	.385	32.0
⑥	阪神	46	84	0	.354	36.0

		勝	敗	分	勝率	差
①	オリックス	82	47	1	.636	―
②	ロッテ	69	58	3	.543	12.0
③	西武	67	57	6	.540	12.5
④	日本ハム	59	68	3	.465	22.0
⑤	ダイエー	54	72	4	.429	26.5
⑥	近鉄	49	78	3	.386	32.0

日本シリーズ成績

ヤクルト（野村監督）４勝１敗　○○○●○　オリックス（仰木監督）１勝４敗

セ・リーグ　主な表彰選手　パ・リーグ

最優秀選手	オマリー（ヤ）	
最優秀新人	山内泰幸（広）	
首位打者	パウエル（中）	.355
最多本塁打	江藤　智（広）	39
最多打点	江藤　智（広）	106
最優秀防御率	ブロス（ヤ）	2.33
最多勝利	斎藤雅樹（巨）	18
最多奪三振	斎藤雅樹（巨）	187

最優秀選手	イチロー（オ）	
最優秀新人	平井正史（オ）	
首位打者	イチロー（オ）	.342
最多本塁打	小久保裕紀（ダ）	28
最多打点	イチロー（オ）	80
	初芝　清（ロ）	80
	田中幸雄（日）	80
最優秀防御率	伊良部秀輝（ロ）	2.53
最多勝利	グロス（日）	16
最多奪三振	伊良部秀輝（ロ）	239

プロ野球十大ニュース

①　イチローが２年連続首位打者など５冠で優勝に貢献
②　オリックスが阪神大震災を乗り越えて優勝
③　野村克也監督率いるヤクルトが日本一
④　ロッテは２位に躍進したバレンタイン監督を解任
⑤　中日・高木守道、阪神・中村勝広、近鉄・鈴木啓示がシーズン途中で監督交代
⑥　オリックス・佐藤義則が40歳で無安打無得点、広島・野村謙二郎はトリプルスリー達成
⑦　FAで移籍は２人だけと導入３年目で制度が有名無実化
⑧　ダイエー・王貞治監督が誕生したがチームは５位に低迷
⑨　巨人・原辰徳、オリックス・岡田彰布、阪神・真弓明信とスター選手が続々引退
⑩　巨人が韓国・高麗大の趙成珉の獲得を発表

主な物故者

4月4日　山下　実　昭和初期の慶大の強打者。豪快な打撃で「ベーブ山下」と呼ばれ、プロ野球では阪急の監督を務めた。

平成８年［1996年］
「メークドラマ」で大逆転

巨人、11・5ゲーム差はね返す

平成８（1996）年、巨人が11・5ゲーム差をひっくり返し2年ぶりのリーグ優勝を果たした。長嶋茂雄監督が生み出し、追い上げムードを盛り上げた言葉が「メークドラマ」だ。この年の新語・流行語大賞にも選ばれたキャッチフレーズに乗って、奇跡的な逆転優勝を成し遂げた。

前半戦は広島が首位を快走した。巨人は波に乗れず、7月6日の阪神戦に敗れ自力優勝の可能性が消滅。この時点で首位に11・5ゲームの大差をつけられたが、同9日に札幌市の円山球場で行われた広島戦で逆襲の号砲が鳴った。

二回2死から、7番の後藤孝志の二塁打をきっかけに怒濤《どとう》の連打が始まる。投手の斎藤雅樹にも安打が飛び出し、2番川相昌弘は満塁本塁打。さらに松井秀喜、落合博満と続き、6番の清水隆行まで9者連続安打で7点を奪い広島を破った。

2018年４月、「メークドラマ」の思い出を語る長嶋茂雄氏＝東京ドーム

後半戦では長嶋が「やれば勝つ。やれば勝つという時期もあった」と振り返る快進撃で一気に差を詰めた。８月20日に首位に立ち、９月24日の広島戦に勝って優勝へのマジックナンバーが点灯。最後は中日との競り合いを制し、長嶋が宙を舞った。ナゴヤ球場にとっては１軍の本拠地として最後の公式戦でもあった。

「メークドラマ」はメディアで盛んに取り上げられ、巨人の逆転優勝への雰囲気をつくっていった。長嶋は「言葉というのは、野球選手の一番大きい力。いざというときには（言葉で）選手を鼓舞しようという気持ちを持っていますから」と力説する。「やっぱり勝つんだというのが前提。二つに一つしかない。勝つか負けるか」という心構えを、独特の和製英語に込めて選手の気持ちを高揚させて、勝負に向かわせた。

札幌での広島戦で満塁アーチをかけた川相は「うまくいかないときにはね返す力を生み出す。ぎりぎりの場面で力を発揮させる」と恩師の操縦術を語る。選手会長に就任したこの年は打率２割３分２厘と苦しいシーズンだったが「外すことなく使ってくれた。守備や２番のつなぎとして大事だと思ってくれたのだろうし、その期待に応えようと必死だった」と献身的にチームを支えた。

16勝で最多勝に輝いた斎藤が逆転の要因に挙げるのは、平成６（94）年に同率首位での最終戦直接対決で中日を下した「10・8」の体験だ。「あのときは僕らが追い付かれた。離していようが、離されていようが、分からない。その経験があった」と逆境をはね返した力の源を明かした。

言葉の力を最大限に用いた監督の采配に、修羅場をくぐった選手が応えた大逆転劇。現役時代にＶ９の偉業を経験した長嶋が「かつてのチームにはないものがあった」と振り返る最高のドラマだった。

イチロー、球宴で登板

野村監督は反発

平成８（１９９６）年７月21日に東京ドームで行われたオールスター第２戦で、オリックスのイチローが投手として登板した。夢の祭典ならではの場面がファンを沸かせたが「おふざけ」とも受け取れる起用は賛否両論を巻き起こした。

全パが４点リードの九回２死で巨人の松井秀喜を迎えたところで、指揮を執っていたオリックスの仰木彬監督が右翼のイチローをマウンドへ呼び寄せた。「打つのも走塁も守備も素晴らしい。一度登板させたかった」というファンサービスだったが、全セを率いたヤクルトの野村克也監督は「格調の高い舞台を冒涜《ぼうとく》した」と反発。松井の心情も思いやり、ヤクルトの投手、高津臣吾を代打に送った。

イチローはワインドアップから１４０キロ前後の速球を披露。２ボール２ストライクからの５球目で高津を遊ゴロに打ち取った。

平成８年（1996年）

セ・リーグ　順位表　パ・リーグ

		勝	敗	分	勝率	差
①	巨人	77	53	0	.592	ー
②	中日	72	58	0	.554	5.0
③	広島	71	59	0	.546	6.0
④	ヤクルト	61	69	0	.469	16.0
⑤	横浜	55	75	0	.423	22.0
⑥	阪神	54	76	0	.415	23.0

		勝	敗	分	勝率	差
①	オリックス	74	50	6	.597	ー
②	日本ハム	68	58	4	.540	7.0
③	西武	62	64	4	.492	13.0
④	近鉄	62	67	1	.481	14.5
⑤	ロッテ	60	67	3	.472	15.5
⑥	ダイエー	54	74	2	.422	22.0

日本シリーズ成績

オリックス（仰木監督）４勝１敗　○○○●○　巨人（長嶋監督）１勝４敗

セ・リーグ　主な表彰選手　パ・リーグ

最優秀選手	松井秀喜（巨）	
最優秀新人	仁志敏久（巨）	
首位打者	パウエル（中）	.340
最多本塁打	山崎武司（中）	39
最多打点	ロペス（広）	109
最優秀防御率	斎藤雅樹（巨）	2.36
最多勝利	斎藤雅樹（巨）	16
	ガルベス（巨）	16
最多奪三振	斎藤　隆（横）	206

最優秀選手	イチロー（オ）	
最優秀新人	金子　誠（日）	
首位打者	イチロー（オ）	.356
最多本塁打	ニール（オ）	32
最多打点	ニール（オ）	111
最優秀防御率	伊良部秀輝（ロ）	2.40
最多勝利	グロス（日）	17
最多奪三振	工藤公康（ダ）	178

プロ野球十大ニュース

①　オリックスが８年目で初の日本一
②　西武から清原和博がFA宣言して巨人入り
③　巨人がメークドラマで大逆転優勝
④　MVPにイチローと松井秀喜を選出
⑤　落合博満が巨人退団
⑥　日本ハム・上田利治監督が首位攻防戦を前に突然の休養
⑦　ロッテ・伊良部秀輝が米大リーグ行きを希望して球団と紛糾
⑧　ロッテが日本球界初のGMとなった広岡達朗氏を解任
⑨　阪神の藤田平監督が前代未聞の解任拒否
⑩　イチローがオールスター戦で登板

主な物故者

10月5日　野口　明　昭和８（1933）年の全国中等学校野球選手権大会（現全国高校野球選手権大会）で中京商（現中京大中京高）が優勝時のメンバー。阪急、中日などで活躍。中日の監督も務めた。

平成9年［1997年］
リトル松井、飛躍の4盗塁

オールスター新記録樹立

平成9（1997）年のオールスターゲーム。4年目で初出場を果たした西武の松井稼頭央が1試合4盗塁の球宴新記録を作り、最優秀選手（MVP）に選ばれた。平成14（2002）年に打率3割3分2厘、36本塁打、33盗塁で史上8人目のトリプルスリーを達成。平成16（04）年に日本選手の内野手として初めて米大リーグに挑戦し、日米合わせて2705安打を放った名選手への道は、この球宴から始まった。

前年の平成8（1996）年、初めてレギュラーの座をつかみ130試合に出場した。50盗塁を記録し「当時、僕は足しかアピールするところがなかった」と振り返る。翌年、初めて踏んだ球宴の舞台、全セの捕手はヤクルトの古田敦也。平成2（90）年から5年連続でリーグ1位の盗塁阻止率をマークしていた名捕手相手に「自分の持ち味は走ることしかない。塁に出たら積極的に行くことしか考えていなかった。古田さん相手に試したい思いもあった」と虎視眈々《たんたん》と狙っていた。

最初のチャンスは三回。1死無走者から左前打を放つと、立て続けに二盗と三盗を決めた。さらに五回にも1死無走者から中前打すると、ダイエー（現ソフトバンク）の小久保裕紀への3球目で二塁、吉永幸一郎（ダイエー）への3球目で三塁を陥れた。

松井は「投手が足を上げていたのもあると思う」とクイック投法でなかったことを成功の一因に挙げたが、それでも古田に「いい勝負になったのは2度目の二盗の時くらい。あとは投げるのをやめようかと思った」と言わしめた。

六回も安打を放ったが、2死一塁からの出塁で二塁にはイチロー（オリックス）がいたため、この試合5個目の盗塁は生まれなかった。

「1試合4盗塁よりも、3本打った方が奇跡だった。打ったからあの4盗塁も生まれた」と強調した。

前年の平成8（96）年に西武の監督として正遊撃手に抜てきした東尾修は「身体能力が群を抜いていた。次に練習をこなす体力がずばぬけていた。その2点に

1997年７月、オールスター第１戦で最優秀選手に選ばれ、ファンの声援に応える西武・松井＝大阪ドーム

尽きる」と起用理由を説明する。その年の秋の日米野球で打撃に走塁にと積極的なプレーを見せ、巨人の松井秀喜に対し「リトルマツイ」と評された。「一流の中に入っても、自分の足が通用すると分かったことが大きい。その自信が、古田さんからの盗塁につながったのだと思う」と振り返る。

球宴で活躍した平成９（97）年に自己最多のシーズン62盗塁を記録すると、打率も３割９厘と初めて３割を超え、米大リーグに挑戦するまで７年連続で３割をマークした。「古田さんだし、あの場で４盗塁できたことは自信になった」と飛躍につながるプレーだった。

球界揺るがした脱税事件

現役10選手が起訴される

平成９（１９９７）年11月18日、名古屋地検特捜部は所得税法違反（脱税）の罪で、脱税額が１千万円を超えた現役10選手を名古屋地裁に起訴した。名古屋国税局が２月に行った経営コンサルタントの強制捜査に端を発した「集団脱税疑惑」は多数のスター選手が刑事被告として法廷に立つ、前例のない事態に発展した。

問題のコンサルタントが関与したのは計20選手で脱税総額は計2億5千万円にのぼった。「所得税を安くしてやる」などと持ち掛けられ、架空の経費を計上して申告。「見返り」を支払う行為が悪質な税逃れとされた。

脱税が確認された19選手について、吉国一郎コミッショナーが平成10（98）年のシーズン開幕から最長8週間の出場停止処分を科した。夢を売るはずのプロ野球の不祥事に世間から厳しい声が相次いだ。

平成９年（1997年）

セ・リーグ　順位表　パ・リーグ

		勝	敗	分	勝率	差
①	ヤクルト	83	52	2	.615	―
②	横浜	72	63	0	.533	11.0
③	広島	66	69	0	.489	17.0
④	巨人	63	72	0	.467	20.0
⑤	阪神	62	73	1	.459	21.0
⑥	中日	59	76	1	.437	24.0

		勝	敗	分	勝率	差
①	西武	76	56	3	.576	―
②	オリックス	71	61	3	.538	5.0
③	近鉄	68	63	4	.519	7.5
④	日本ハム	63	71	1	.470	14.0
④	ダイエー	63	71	1	.470	14.0
⑥	ロッテ	57	76	2	.429	19.5

日本シリーズ成績

ヤクルト（野村監督）４勝１敗　○●○○○　西武（東尾監督）１勝４敗

セ・リーグ　主な表彰選手　パ・リーグ

最優秀選手	古田敦也（ヤ）	
最優秀新人	沢崎俊和（広）	
首位打者	鈴木尚典（横）	.335
最多本塁打	ホージー（ヤ）	38
最多打点	ロペス（広）	112
最優秀防御率	大野　豊（広）	2.85
最多勝利	山本昌広（中）	18
最多奪三振	山本昌広（中）	159

最優秀選手	西口文也（西）	
最優秀新人	小坂　誠（ロ）	
首位打者	イチロー（オ）	.345
最多本塁打	ウィルソン（日）	37
最多打点	小久保裕紀（ダ）	114
最優秀防御率	小宮山悟（ロ）	2.49
最多勝利	西口文也（西）	15
	小池秀郎（近）	15
最多奪三振	西口文也（西）	192

プロ野球十大ニュース

① 所得税法違反（脱税）で10選手が起訴された
② 伊良部秀輝、長谷川滋利、柏田貴史の３人が大リーグ移籍
③ ヤクルトが２年ぶり日本一
④ 西武が西口文也、松井稼頭央ら若手台頭で３年ぶりリーグ制覇
⑤ 巨人が清原和博らを獲得する大補強で臨みながら４位に低迷
⑥ オリックスのイチローが216打席連続無三振のプロ野球記録
⑦ 日米交流で来日したディミュロ審判員が判定巡るトラブルで帰国
⑧ 横浜が守護神、佐々木主浩の活躍で２位躍進
⑨ 大阪ドームとナゴヤドームが開場
⑩ FA資格取得が10年から９年に短縮
次点 西武が29安打で毎回得点、近鉄が10点差逆転と豪快な記録が生まれた

主な物故者

4月26日　中上英雄　プロ野球初の完全試合達成。日本で初めてスライダーを投げた投手。
６月６日　戸倉勝城　プロ１年目の開幕日にパ・リーグ第１号本塁打を放った。
11月４日　青田　昇　強肩、強打の外野手。巨人の黄金期を築いた。愛称は「じゃじゃ馬」。

平成10年［1998年］

横浜、38年ぶり日本一

マシンガンの陰に投手あり

平成10（1998）年、横浜（現DeNA）が38年ぶりの頂点に立った。一度火が付くと連打が止まらない攻撃は「マシンガン打線」と呼ばれ、幾度も劇的な大逆転を演じた。

だが、監督だった権藤博が「俺は投手コーチ出身。打撃は当てにならんよ」と当時を振り返るように、派手に打ち勝ったように見えるシーズンの裏には実は緻密な投手起用があった。

前年のバッテリーチーフコーチから監督に昇格すると、開幕1軍に入った投手全員に「kill or be killed」と書き込んだボールを手渡した。意味は「殺すか殺されるか」。チームとして一年間、安定した戦いをもたらすのは投手陣の奮起だとの信条があった。

重要視したのはゲーム終盤の継投策。「3時間かけてつくった勝ちゲームをひっくり返されたダメージは翌日にも引きずる。抑えがやられるのは地獄だよ。それくらい、勝負は九回だと思っている」

幸いチームには「大魔神」の異名を持つ球界一の抑え投手の佐々木主浩がいた。佐々木の決め球のフォークボールには、ブルペンで見ていると無回転ではなく縦回転がかかっていたという。落差が大きいと言われるが、本当のすごさは直球と見分けがつかないことにあった。

「真っすぐと同じ回転で来てスッと失速する。途中でボールが消えると話すのはみんなクリーンアップを打つ打者だった」

佐々木が苦手とした打者は、矢野輝弘（阪神）、辻発彦（ヤクルト）らミートポイントを引き付けて軽打するタイプ。長打のない打者が多く「佐々木がいれば勝率５割は超える」との確信があった。

それだけに、起用法には気を配った。いくら登板間隔が空いても点差があれば使わず、緊迫した場面でしか投げさせなかった。登板過多を防ぎたかったわけではない。「あなたをこういう場面で投げさせるのは失礼だと。マウンドに上がるのは震えるような場面で、あなたにしかできない場面を託すと」。そこには権藤流のクローザー論があった。

「そいつしかいないから、格式が取れるんだ。マリアノ・リベラや上原浩治、岩瀬仁紀、江夏豊とかの代わりはできない。そういう戦いの中で勝って生き残ったやつが、抑えのポジションを取るんだよ」

大魔神を出せば、相手に諦めムードが漂った。「残り30試合を切ったら六回からでも行く」

と本人に伝え、勝負どころでは迷わず投入した。優勝を決めた10月8日の阪神戦でも4―3と逆転した八回からマウンドに送り、1点を守り切った。

佐々木につなぐ継投も工夫した。抑えの前を投げるセットアッパーに五十嵐英樹と島田直也の2人を指名。一方が好投しても、翌日はもう一人を投げさせた。逆に打たれた投手は、次の試合で優先的に連投させた。

定石に反しているように見える起用法は当時、登板過多を防ぐために米大リーグで見られた「中継ぎローテーション」の導入と評されたが、その見方を「発想は違う」と否定する。「打たれたら『やり返せ！』ともう一度行かせる。そうすると、抑えていたもう片方は『なんで俺じゃないんだ』と面白くないよな。それで2人の間に競争が出てくる」。ライバル心を利用して相乗効果を狙ったのだという。

マシンガン打線を生んだのも根底にあるのは、チーム内の競争心だった。当時では珍しく、権藤は2番打者の波留敏夫にバントのサインを出さなかった。1番打者の石井琢朗とのコンビはたびたび連打でビッグイニングを

1998年10月、阪神・新庄（左）を三振に打ち取ってセ・リーグ優勝を決め、マウンドでガッツポーズする横浜・佐々木＝甲子園

演出した。

「みんな自分のポジションを取ろうと考えている世界。石井、波留とポジションは違えど、給料など、どっちが上かと戦っているわけですよ。あいつが打率3割に行かないならもっと打ってやろう。俺はここというときに打ってやろうとね」

西武との日本シリーズ第1戦で先制点を挙げた一回の攻撃。石井琢のセーフティーバント成功と二盗、波留のバントの構えや右方向を狙った打撃は全てノーサインだったと明かす。

「マシンガン打線と言うけれど、野人ですよ。飢えているから、大事なところで打つ。チーム内の競争意識があるからね」

温厚に見えて、選手を攻撃的に起用した。個性派集団を束ねた知将は、今も当時のメンバーから慕われる。「結果的には、個性を生かせるような戦い方をしたということ」とうれしそうに懐かしんだ。

ロッテ、七夕の悲劇

プロ野球ワースト18連敗

現在もプロ野球記録として残るロッテの18連敗が刻まれたのは平成10（1998）年6月13日から7月8日だった。救援陣に故障者が相次ぎ、エース黒木知宏を抑えに回したのも裏目に出て、約1カ月近くも白星に見放された。

昭和45（1970）年のヤクルトの16連敗に並んで迎えた七夕の夜、久々に先発した黒木は九回2死までオリックス打線を3安打に抑え込んでいた。だが、ハービー・プリアムに追い込んでから投じた139球目を左翼ポール際に同点2ランを運ばれ、マウンドに崩れ落ちた。チームは延長十二回に代打サヨナラ満塁本塁打を浴びて不名誉な記録を更新した。

翌日も負けて18連敗となり、7月9日の先発は小宮山悟。14安打を浴びて6失点と苦しみながらも、打線の奮起もあり、自身の敗戦から始まった連敗を完投勝利で止めた。チームにとって実に27日ぶりの白星だった。

平成10年（1998年）

セ・リーグ　順位表　パ・リーグ

		勝	敗	分	勝率	差
①	横浜	79	56	1	.585	―
②	中日	75	60	1	.556	4.0
③	巨人	73	62	0	.541	6.0
④	ヤクルト	66	69	0	.489	13.0
⑤	広島	60	75	0	.444	19.0
⑥	阪神	52	83	0	.385	27.0

		勝	敗	分	勝率	差
①	西武	70	61	4	.534	―
②	日本ハム	67	65	3	.508	3.5
③	オリックス	66	66	3	.500	4.5
③	ダイエー	67	67	1	.500	4.5
⑤	近鉄	66	67	2	.496	5.0
⑥	ロッテ	61	71	3	.462	9.5

日本シリーズ成績

横浜（権藤監督）４勝２敗　○○●●○○　西武（東尾監督）２勝４敗

セ・リーグ　主な表彰選手　パ・リーグ

最優秀選手	佐々木主浩（横）	
最優秀新人	川上憲伸（中）	
首位打者	鈴木尚典（横）	.337
最多本塁打	松井秀喜（巨）	34
最多打点	松井秀喜（巨）	100
最優秀防御率	野口茂樹（中）	2.34
最多勝利	川崎憲次郎（ヤ）	17
最多奪三振	石井一久（ヤ）	241

最優秀選手	松井稼頭央（西）	
最優秀新人	小関竜也（西）	
首位打者	イチロー（オ）	.358
最多本塁打	ウィルソン（日）	33
最多打点	ウィルソン（日）	124
最優秀防御率	金村　暁（日）	2.73
最多勝利	西口文也（西）	13
	武田一浩（ダ）	13
	黒木知宏（ロ）	13
最多奪三振	西口文也（西）	148

プロ野球十大ニュース

① 横浜が38年ぶりの日本一
② 野村克也監督がヤクルトを退団し、阪神の監督に就任
③ 所得税法違反（脱税）で10選手に有罪判決
④ オリックス・イチローが５年連続で首位打者を獲得
⑤ オリックス・三輪田勝利編成部長がドラフト指名選手との入団交渉が難航の末に自殺
⑥ 巨人が迷走の末に長嶋茂雄監督の続投を発表
⑦ 巨人・ガルベスが審判団にボールを投げつけ出場停止に
⑧ 西武が10ゲーム差を逆転してリーグ２連覇
⑨ 中日・川上憲伸が巨人・高橋由伸との争いを制して新人王
⑩ ダイエーにスパイ行為疑惑
次点 ロッテがプロ野球ワーストの18連敗

主な物故者

8月22日　村山　実　阪神のエース。「ザトペック投法」で長嶋茂雄、王貞治と名勝負を演じ、天覧試合では長嶋にサヨナラ本塁打を打たれた。

第2章

平成の怪物

（平成11年〜20年）

（前ページの写真）

1999年5月、オリックス・イチローとの初対決で、空振りの三振に打ち取った西武の松坂＝西武ドーム

平成11年［1999年］

怪物松坂、鮮烈デビュー

イチロー三振で「確信」

平成11（1999）年のプロ野球は西武に入団した松坂大輔が華々しいデビューを果たした。神奈川・横浜高時代に甲子園大会で春夏連覇、夏の決勝ではノーヒットノーランを達成。「平成の怪物」として鳴り物入りで入団した1年目に最多勝と新人王を獲得した。

4月7日、東京ドームでの日本ハム戦。先発してプロ初登板を迎えた。オープン戦では制球難を露呈し、評論家からは不安視する声も上がっていた。

「言われていたのは耳に入っていたけど気にしてなかった。自分は自分らしく、周りに影響されるようなことはしたくなかった」

それまでの野球人生同様、緊張もなかった。「怖いもの知らずで自信もあった。大きな壁にぶつかることなくプロの世界に入っていけたからだと思う」と回顧する。

鮮烈だったのは一回2死から片岡篤史を迎えた場面だった。5球目に投じた直球は155キロをマーク。体勢を大きく崩させて空振り三振を奪った。

「球速が自分のマックスが出そうだなっていう感覚はあった。片岡さんのところは三振も取りにいったし、スピードも出しにいった」と記憶をたどる。

五回2死では、マイカ・フランクリンへの直球が胸元へ行く。怒ったフランクリンに歩み寄られ、にらみつけられたが一歩も下がらず笑みさえ浮かべた。相手は身長183センチ。「内心は怖って。乱闘が起きるのかなって思ったのは覚えている。でも逃げたくないと思って、完全にハッタリなんですけど前に出ました」

1999年4月、プロ初登板で初勝利を挙げた西武・松坂＝東京ドーム

その後も「それで内角が投げられないというのは僕の中ではない。あれで引くようなことがあれば、この先ないなって思っていた」と強気の投球で押し、8回5安打2失点でプロ初勝利をマークした。それでも「勝てたけどその初登板を終えていけるとは思えなかった」と言う。

プロの世界でやっていけると思えたのは1カ月後の5月16日、西武ドームでのオリックス戦だったという。後に平成の名勝負と称されたイチローとの初対決。既に5年連続で首位打者を獲得中のスーパースターだった相手から3打席連続で三振を奪い、試合後「自信から確信に変わった」と言った。

「ナンバーワンのバッターを抑えられた、三振を取れたということで自信よりも強い気持ち、そこから出てきた言葉だった」と振り返る。

ルーキーシーズンで16勝5敗、防御率2・60をマークし、発言などでも強烈なインパクトを残した。「自分のことなんですけど、自分のことじゃないような。冷静だった。外から松坂大輔という選手を見てた」と追想し「周りから見たら生意気だったと思いますけど、恐ろしいわと自分でも思う」と笑った。

新庄、敬遠をサヨナラ打

「破天荒」な一振り

平成11（1999）年6月12日、阪神の新庄剛志が放った一打に誰もが驚いた。同点の延長十二回1死一、三塁。満塁策を選んだ巨人の槙原寛己が投げた外角のボール球に左足を踏み込み、いっぱいに伸ばしたバットをぶつけた。打球が三遊間を抜けると、してやったりの笑顔で両手を突き上げた。あっけに取られる巨人ナインをよそに、サヨナラ勝ちが決まった甲子園球場は歓喜に包まれた。

1球目のボール球が大きく外れなかったのを確認し、2球目を狙った。新庄らしい「破天荒」な一振りと言えるが、コーチに敬遠球を打つ許可をもらい、ボール球を打つ練習をするなど事前準備も怠らなかったという。

平成30（2018）年から投げずに四球にできる敬遠の「申告制」が導入された。野球ファンには、もう見られなくなるであろう名場面として深く刻まれている。

平成11年（1999年）

順位表

セ・リーグ

		勝	敗	分	勝率	差
①	中日	81	54	0	.600	ー
②	巨人	75	60	0	.556	6.0
③	横浜	71	64	0	.526	10.0
④	ヤクルト	66	69	0	.489	15.0
⑤	広島	57	78	0	.422	24.0
⑥	阪神	55	80	0	.407	26.0

パ・リーグ

		勝	敗	分	勝率	差
①	ダイエー	78	54	3	.591	ー
②	西武	75	59	1	.560	4.0
③	オリックス	68	65	2	.511	10.5
④	ロッテ	63	70	2	.474	15.5
⑤	日本ハム	60	73	2	.451	18.5
⑥	近鉄	54	77	4	.412	23.5

日本シリーズ成績

ダイエー（王監督）4勝1敗　○●○○○　中日（星野監督）1勝4敗

主な表彰選手

セ・リーグ

最優秀選手	野口茂樹（中）	
最優秀新人	上原浩治（巨）	
首位打者	ローズ（横）	.369
最多本塁打	ペタジーニ（ヤ）	44
最多打点	ローズ（横）	153
最優秀防御率	上原浩治（巨）	2.09
最多勝利	上原浩治（巨）	20
最多奪三振	上原浩治（巨）	179

パ・リーグ

最優秀選手	工藤公康（ダ）	
最優秀新人	松坂大輔（西）	
首位打者	イチロー（オ）	.343
最多本塁打	ローズ（近）	40
最多打点	ローズ（近）	101
最優秀防御率	工藤公康（ダ）	2.38
最多勝利	松坂大輔（西）	16
最多奪三振	工藤公康（ダ）	196

プロ野球十大ニュース

① 西武・松坂大輔が高校出新人として45年ぶりの最多勝獲得
② 王貞治監督のダイエーが日本一
③ 巨人・上原浩治が19年ぶりに新人で20勝
④ 大物FA続出。佐々木主浩はマリナーズ、工藤公康と江藤智は巨人に移籍
⑤ プロが五輪予選に初めて参加して出場権を獲得
⑥ 星野仙一監督の中日がリーグ制覇
⑦ イチローが結婚を発表
⑧ 横浜・ローズがセ・リーグ新のシーズン192安打
⑨ 野村克也監督の阪神1年目は夏場に失速して最下位に終わった
⑩ 広島、西武、ダイエーなどで監督を務めた根本陸夫氏が死去

主な物故者

4月16日　別当　薫　スマートなプレーで「球界の紳士」と呼ばれた。パ・リーグの初代MVP。監督としても通算1237勝を挙げた。

6月24日　別所毅彦　南海（現ソフトバンク）、巨人でエースとして通算310勝を挙げた。

平成12年［2000年］

「ON」が頂上決戦

日本シリーズで盟友激突

平成12（2000）年の日本シリーズで、プロ野球史上最大のヒーローの2人が相まみえた。長嶋茂雄監督が率いる巨人と、王貞治監督が指揮を執るダイエー（現ソフトバンク）がリーグ優勝を果たし「ONシリーズ」が実現した。

松井秀喜、清原和博、高橋由伸らスター選手がずらりとそろう巨人と、2年連続日本一を狙う前年の覇者ダイエー。名実ともに頂上決戦にふさわしい顔合わせだったが、最も関心を引いたのはやはり「ON」対決だった。

2人は現役時代に16年間、長嶋の引退後も監督と選手として6年間を巨人の同じユニホームで過ごした盟友だ。決戦に臨む心境は複雑だったという。平成が終わりに近づいた平成30（18）年にインタビューに応じた長嶋は「何と言っても『ON』の歴史がある。勝負という気持ちが、あまり出ないんですよね」と振り返り、王も「なんとなく変な気持ちだったよね。本当の意味での死闘というか、そういう雰囲気ではなかった」と語る。

先手を取ったのはダイエーだった。東京ドームでの第1戦は城島健司、松中信彦の本塁打などで逆転勝ち。第2戦も五回に6点を挙げる集中打で逆転し、敵地で2連勝を飾った。だが、舞台を福岡ドーム（現ヤフオクドーム）に移してからは巨人が反攻に出る。第3戦では高橋由、松井のアーチなどで打ち勝ち、初勝利を挙げた。

2000年10月、日本シリーズ開幕を前に、取材に応じるダイエーの王監督（左）と巨人の長嶋監督＝東京ドーム

福岡ドームを日本脳神経外科学会の展示会場として使用する予定が入っていたため、この年の日本シリーズは移動日を休みとせず、第3戦と第4戦の間に2日の間隔を空ける変則日程となっていた。

王は「うちの球場の具合で、巨人にもファンにも迷惑を掛けた」と球団の不手際をわびたが、長嶋は「九州で練習をして、がらっと変わった」と、この第3戦の後の2日間がシリーズの流れを左右したと指摘した。

第4戦からは巨人の投手陣が奮闘する。斎藤雅樹が七回途中まで1失点と好投して2勝2敗のタイに持ち込むと、第5戦では高橋尚成がシリーズ史上初となる新人での初登板完封勝利を飾った。東京ドームに戻った第6戦を松井の本塁打などで快勝。巨人が2連敗からの4連勝で6年ぶりの日本一に輝き、この年から現役時代と同じ背番号「3」に戻った長嶋が宙を舞った。

20世紀の最後を飾った両雄の直接対決。王は「やっぱりちょっと異様な雰囲気だったので、選手たちはかわいそうだった。巨人の選手たちは、まだそういう雰囲気に慣れているから」と選手を思いやり、長嶋は「選手権（日本シリーズ）に勝って、ほっとしたような気持ちがあったね。普通の選手権じゃなかったからね」と述懐した。

シドニー五輪でメダル逃す

初めてプロ選手が参加

平成12（2000）年のシドニー五輪で、日本は4位となりメダルを逃した。初めてプロ野球選手が五輪に出場し、プロアマ混成チームで臨んだが、キューバや韓国の壁に阻まれた。

平成8（1996）年に国際野球連盟の規約が改正されプロの出場が可能となり、西武の松坂大輔や近鉄の中村紀洋、ダイエー（現ソフトバンク）の松中信彦らプロ8選手が参加。監督は社会人野球の東芝出身の大田垣耕造が務めた。

予選リーグ初戦の米国戦で延長戦の末にサヨナラ負けすると、韓国とキューバにも敗れて4勝3敗の4位で準決勝へ。キューバとの再戦で零敗を喫して金メダルの夢が断たれた。韓国との3位決定戦では松坂が力投したが、0―0の八回に後にロッテや巨人でプレーした李承燁に決勝打を許して競り負けた。

平成12年（2000年）

セ・リーグ　順位表　パ・リーグ

		勝	敗	分	勝率	差
①	巨人	78	57	0	.578	―
②	中日	70	65	0	.519	8.0
③	横浜	69	66	1	.511	9.0
④	ヤクルト	66	69	1	.489	12.0
⑤	広島	65	70	1	.481	13.0
⑥	阪神	57	78	1	.422	21.0

		勝	敗	分	勝率	差
①	ダイエー	73	60	2	.549	―
②	西武	69	61	5	.531	2.5
③	日本ハム	69	65	1	.515	4.5
④	オリックス	64	67	4	.489	8.0
⑤	ロッテ	62	67	6	.481	9.0
⑥	近鉄	58	75	2	.436	15.0

日本シリーズ成績

巨人（長嶋監督）4勝2敗　●●○○○○　ダイエー（王監督）2勝4敗

セ・リーグ　主な表彰選手　パ・リーグ

最優秀選手	松井秀喜（巨）	
最優秀新人	金城龍彦（横）	
首位打者	金城龍彦（横）	.346
最多本塁打	松井秀喜（巨）	42
最多打点	松井秀喜（巨）	108
最優秀防御率	石井一久（ヤ）	2.61
最多勝利	バンチ（中）	14
最多奪三振	石井一久（ヤ）	210

最優秀選手	松中信彦（ダ）	
最優秀新人	なし	
首位打者	イチロー（オ）	.387
最多本塁打	中村紀洋（近）	39
最多打点	中村紀洋（近）	110
最優秀防御率	戎　信行（オ）	3.27
最多勝利	松坂大輔（西）	14
最多奪三振	松坂大輔（西）	144

プロ野球十大ニュース

① イチロー、新庄剛志の米大リーグ入りが決まった
② 巨人がON対決を制して6年ぶり日本一
③ 史上初のプロ、アマ合同での日本代表はシドニー五輪でメダル逃す
④ 巨人・松井秀喜はシーズンと日本シリーズでともにMVP
⑤ 横浜の2年目の金城龍彦が首位打者で新人王に輝く
⑥ 代理人交渉が解禁される
⑦ 横浜が2軍を湘南シーレックスに変更
⑧ ダイエーの不手際で日本シリーズが変則日程に
⑨ 南海元監督の鶴岡一人さんが死去
⑩ 西武・松坂大輔が道交法違反で書類送検

主な物故者

3月7日　鶴岡一人　南海（現ソフトバンク）の監督としてプロ野球史上最多の通算1773勝。人情味あふれる性格で選手から「親分」と呼ばれて慕われた。

8月12日　秋山　登　大洋（現DeNA）で1年目に25勝して新人王。昭和35（1960）年には21勝で球団の初優勝に貢献。

平成13年［2001年］

北川、人生変わる劇的一発

代打逆転サヨナラ満塁弾

平成13（2001）年9月26日。近鉄がリーグ優勝にあと1勝として臨んだオリックス戦、2－5の九回に北川博敏が代打逆転サヨナラ満塁本塁打を放った。これ以上ない劇的な優勝決定。今はヤクルトの2軍打撃コーチを務める北川は「あの一発で人生が変わった」と感慨深げに振り返る。

近鉄は「いてまえ打線」と呼ばれ、派手な攻撃で旋風を起こしていた。「4点差でも『すぐに倍返し』という気概のチーム。考えられないような野球だった」と言う。

九回のマウンドにはオリックスの抑え大久保勝信。ベンチ裏で素振りをして待機していると塁が埋まっていく。無死二、三塁でまずは益田大介が代打を告げられた。俊足ではない北川は自身の併殺打が頭をよぎり「頼むから四球で満塁はやめてくれ」と念じた。

だが、結果は四球。益田がいつもは振るはずの低めの変化球を振らず「もう頼むよという気

2001年9月26日のオリックス戦で、9回に近鉄・北川が代打逆転サヨナラ満塁本塁打を放ち、パ・リーグ優勝を決める＝大阪ドーム

持ちだった」と言う。

ネクストバッターズサークルで表情がこわばっていたのだろう。真弓明信打撃コーチに声を掛けられた。

「思い切って行け」

北川はその場面を「普段と同じ、軽い感じでね。俺は何をよそ行きのことをしようとしていたんだろうと。あれで楽になった」と思い返す。

それでも「本塁打ならサヨナラか」と欲が頭をよぎり、初球の外角スライダーに手が出なかった。第1ストライクを振ることが信条だったが「そりゃ、しょうがない。この状況だもんな」と自らを納得させた。

2球目の内角直球をファウル。「やってしまった」というミスショットだった。ここで腹をくくった。「次、苦手なフォークボールなら三振でいい。併殺だけは駄目だ」。3球目の外角スライダーを冷静に見極めてボールを選ぶと、「あ、俺見えているって急に思えて。この1球で打てる」と確信したという。

4球目の甘く入ったスライダーを捉えると打球は左中間席に飛び込んだ。「直球待ちで泳いだが、いい感じに引っ掛かった。球が落ちて来なかったので『あ、行った』と。後は頭真っ白」と笑う。

当時、近鉄の監督だった梨田昌孝は「あそこは北川しかいなかった。あいつは『持ってる』」と懐かしむ。今も梨田の携帯の電話帳に北川は「神様」の名で登録されている。

神様と感謝されたが、救われたのは北川の方だった。この年、阪神から近鉄に移籍したが序盤は不振に苦しんだ。代打で凡退した試合の帰り道に監督の梨田から「思い切って行け」と電話で励まされた。奇しくも優勝決定試合で真弓から掛けられたのと同じ言葉。「あの言葉で『この人のためにやろう』と思えた」と今も深く記憶に刻まれている。

人生が変わったのは有名になったからだけではない。「この一発だけの男と思われたくない」という気持ちが、40歳まで現役を続ける原動力になった。「この世界で成功できる選手になりたいという気持ちがすごく強くなった。あの本塁打を重圧には思わなかったが、意地が生まれてね」。伝説の一発を振り返る顔は幸せに満ちていた。

松井、力勝負で2ラン

松坂の速球捉える

平成13(2001)年7月22日、横浜スタジアムで行われたオールスター第2戦。3―0の三回1死一塁、全セの4番を任された巨人の松井秀喜が打席に入る。マウンドにはこの回から2番手で登板した西武の松坂大輔。両リーグを代表する2人の対決は2ランを放った松井に軍配が上がった。

速球が3球続けて外角に外れて迎えた4球目だった。松井が「ずっと待っていた」と振り返ったように内より低めへの147キロの速球を振り抜くと打球はバックスクリーンに飛び込む2試合連続の本塁打となった。これは球宴通算300号の記念のアーチでもあった。

この試合で1回⅔を投げて9安打6失点と打ち込まれた松坂は、登板後に「真っすぐで打ち取って、願わくば三振と思っていたんですが」と苦笑。球宴の舞台ならではの力勝負にファンは酔いしれた。

平成13年（2001年）

セ・リーグ　順位表　パ・リーグ

		勝	敗	分	勝率	差
①	ヤクルト	76	58	6	.567	
②	巨人	75	63	2	.543	
③	横浜	69	67	4	.507	
④	広島	68	65	7	.511	
⑤	中日	62	74	4	.456	
⑥	阪神	57	80	3	.416	

		勝	敗	分	勝率	差
①	近鉄	78	60	2	.565	―
②	ダイエー	76	63	1	.547	2.5
③	西武	73	67	0	.521	6.0
④	オリックス	70	66	4	.515	7.0
⑤	ロッテ	64	74	2	.464	14.0
⑥	日本ハム	53	84	3	.387	24.5

※セ・リーグは勝利数優先で順位を決めたため「ゲーム差（差）」なし

日本シリーズ成績

ヤクルト（若松監督）4勝1敗　○●○○○　近鉄（梨田監督）1勝4敗

セ・リーグ　主な表彰選手　パ・リーグ

最優秀選手	ペタジーニ（ヤ）	
最優秀新人	赤星憲広（神）	
首位打者	松井秀喜（巨）	.333
最多本塁打	ペタジーニ（ヤ）	39
最多打点	ペタジーニ（ヤ）	127
最優秀防御率	野口茂樹（中）	2.46
最多勝利	藤井秀悟（ヤ）	14
最多奪三振	野口茂樹（中）	187

最優秀選手	ローズ（近）	
最優秀新人	大久保勝信（オ）	
首位打者	福浦和也（ロ）	.346
最多本塁打	ローズ（近）	55
最多打点	中村紀洋（近）	132
最優秀防御率	ミンチー（ロ）	3.26
最多勝利	松坂大輔（西）	15
最多奪三振	松坂大輔（西）	214

プロ野球十大ニュース

① 巨人・長嶋茂雄監督が退任
② 阪神・野村克也監督が夫人逮捕で辞任
③ 近鉄・ローズがプロ野球記録タイのシーズン55本塁打
④ 若松勉監督のヤクルトが４年ぶりセ・リーグ優勝で「ファンの皆さまおめでとうございます」
⑤ 近鉄が前年最下位からパ・リーグ優勝
⑥ 宮崎・日南学園高の寺原隼人が４球団競合の末にダイエー入り
⑦ 西武・松坂大輔が高校出１年目から史上初の３年連続最多勝
⑧ 西武・カブレラが特大本塁打を量産
⑨ 横浜球団のニッポン放送への株式譲渡を巡って混乱
⑩ セ・リーグの勝利数優先の順位決定が不評買う

主な物故者

11月11日　杉浦　忠　南海（現ソフトバンク）黄金時代のエース。巨人との日本シリーズで４連投４連勝の快投を演じた。立教大で長嶋茂雄と同期。

平成14年［2002年］

松井がメジャー挑戦表明

日本一決定直後に決断

平成14（2002）年10月31日、東京都内のホテルの一室。静まりかえった部屋に巨人の主砲、松井秀喜の声が響く。「米国でプレーしたいという気持ちを消し去ることができません」。フリーエージェント（FA）宣言して米大リーグに挑戦する意思を、プロ入りした時の監督だった長嶋茂雄に告げた瞬間だった。

翌11月1日、東京都千代田区内幸町の帝国ホテルで行われた記者会見。一世一代の決断を発表する場に笑顔はなかった。海外メディアを含む100人以上の報道陣を前に「今は何を言っても裏切り者と言われるかもしれない。命を懸けてやりたい」と決意を述べた。

10月30日まで日本シリーズを戦っていた。決断の時が近づいてはいたが、巨人の4番として個人的な事情でチームを乱すわけにはいかない。FAのことは心の奥底に封印していた。日本一が決まった夜に帰宅した瞬間から考え始め、一晩かけて結論を出した。

平成11（1999）年、ヤンキースの試合を見たくてニューヨークに飛んだ。10月14日のヤンキースタジアム。レッドソックスとのア・リーグ優勝決定シリーズ第2戦、沸き上がる歓声の中に身を置き「日本とは全然違う」と感じた。FAまでにこのチームから誘われるような選手になりたいと思った。

2009年11月、ワールドシリーズを制覇し、笑顔で優勝トロフィーを手にするヤンキースの松井秀喜外野手＝ニューヨーク（共同）

平成7（95）年に野茂英雄がメジャーへの扉を本格的に開き、平成13（2001）年にはイチローと新庄剛志が野手として海を渡っていた。日本選手では長距離打者として初めての挑戦だった。「周りからはそう見られたと思うけど、チームの一員である以上はチームに貢献することだけを考えていた」と言う。

平成16（04）年に日本選手ではシーズン最多となる31本塁打を放ち、平成21（09）年にはワールドシリーズMVPに選ばれた。日本でプレーした期間と同じ10年がたった平成24（12）年の暮れに現役引退を表明した。日本に戻る道もあったが、日本を出た時に近い力を出せない以上、その選択はなかった。

「全てとは言わないが、ある程度、やり切ったと思えたからバットを置く決断ができたのだと思う」と振り返る。

昭和を象徴する長嶋を師と仰ぎ、平成を代表する打者となった。次の時代に引き継ぐ立場になったが「長嶋さんになれると思ったこともないし、自分が時代を築いたという認識もない。受け渡すという意識はない」と言う。

現在、ヤンキースのゼネラルマネジャー（GM）特別アドバイザーを務める傍ら、野球教室などを通じて野球人口を広げるための活動に取り組む。石川・星稜高で甲子園大会に初出場したのが平成2（1990）年。平成時代を駆け抜けた野球人生だった。「自分の中では30年たった気がしない。これからも野球に関わっていくと思うから」。平成が終わっても物語は続く。

カブレラ〝聖域〟破れず

ローズに続き55号で止まる

西武のアレックス・カブレラは平成14（2002）年の最終戦となった10月14日のロッテ戦

で当時のプロ野球記録を更新する56号本塁打を放つことはできなかった。前年のタフィー・ローズ（近鉄）に続いて〝聖域〟と呼ばれていた王貞治（巨人）が持つ55本の記録は破られなかった。

カブレラは来日1年目だった平成13（01）年にローズの後塵《こうじん》を拝したが、49本塁打をマーク。ドーム球場では次々に天井に当て、屋外球場では場外本塁打に備えて警備員が配置される程、特大の打球を連発した。

平成14年10月2日、5試合を残して王とローズに並ぶ55号を放った。だが、翌3日のダイエー（現ソフトバンク）戦で3四死球と勝負を避けられ、後年に「外国人の自分に記録を破らせてはいけないという雰囲気を感じた」と振り返った。結局、記録更新は平成25（13）年にウラディミール・バレンティン（ヤクルト）が60号を放つまで待たなければならなかった。

平成14年（2002年）

セ・リーグ　順位表　パ・リーグ

		勝	敗	分	勝率	差
①	巨人	86	52	2	.623	ー
②	ヤクルト	74	62	4	.544	11.0
③	中日	69	66	5	.511	15.5
④	阪神	66	70	4	.485	19.0
⑤	広島	64	72	4	.471	21.0
⑥	横浜	49	86	5	.363	35.5

		勝	敗	分	勝率	差
①	西武	90	49	1	.647	ー
②	近鉄	73	65	2	.529	16.5
②	ダイエー	73	65	2	.529	16.5
④	ロッテ	67	72	1	.482	23.0
⑤	日本ハム	61	76	3	.445	28.0
⑥	オリックス	50	87	3	.365	39.0

日本シリーズ成績

巨人（原監督）4勝0敗　○○○○　西武（伊原監督）0勝4敗

セ・リーグ　主な表彰選手　パ・リーグ

最優秀選手	松井秀喜（巨）	
最優秀新人	石川雅規（ヤ）	
首位打者	福留孝介（中）	.343
最多本塁打	松井秀喜（巨）	50
最多打点	松井秀喜（巨）	107
最優秀防御率	桑田真澄（巨）	2.22
最多勝利	上原浩治（巨）	17
	ホッジス（ヤ）	17
最多奪三振	井川　慶（神）	206

最優秀選手	カブレラ（西）	
最優秀新人	正田　樹（日）	
首位打者	小笠原道大（日）	.340
最多本塁打	カブレラ（西）	55
最多打点	ローズ（近）	117
最優秀防御率	金田政彦（オ）	2.50
最多勝利	パウエル（近）	17
最多奪三振	パウエル（近）	182

プロ野球十大ニュース

① 巨人・松井秀喜がFAでヤンキース入り
② 巨人が2年ぶりの日本一
③ 星野仙一監督の阪神が快進撃
④ 西武が4年ぶりリーグ優勝、カブレラが55本塁打
⑤ 日本ハムが平成16（2004）年から本拠地を札幌に移転すると発表
⑥ 横浜の森祇晶監督がわずか2年で退陣
⑦ ダイエー・秋山幸二、ヤクルト・池山隆寛、阪神・星野伸之らが引退
⑧ 早大の和田毅は自由獲得枠でダイエー入り
⑨ 西武の松坂大輔が開幕6連勝後に右肘痛で戦列離れる
⑩ 日本プロ野球選手会が選手の肖像権を巡って東京地裁に提訴

主な物故者

8月23日　武上四郎　小柄ながら闘志を前面に出すプレーから「けんか四郎」の異名を取り、弱小時代のヤクルトを支えた。

12月9日　千葉　茂　巨人で背番号3の名二塁手として、川上哲治氏や青田昇氏らととともに巨人の黄金時代を築いた。ニックネームは「猛牛」。

平成15年［2003年］

阪神、18年ぶりリーグ優勝

星野氏、猛虎復活に導く

平成15（2003）年、星野仙一が率いた阪神が18年ぶりのセ・リーグ優勝を成し遂げた。前年までの10年間は6度の最下位を含め、全て4位以下。〝ダメ虎〟に甘んじていたチームを闘将が見事なタクトで復活させた。

平成14（02）年の監督就任1年目、最下位脱出こそ果たしたが、4位に終わった。そのオフに「血の入れ替え」と呼ばれた補強と選手刷新を敢行する。当時、広島で4番打者として活躍し、フリーエージェント（FA）権を行使した金本知憲との交渉には自ら乗りだし、情熱をぶつけた。

金本は阪神入りを「全く想像していなかった」と振り返る。星野と直接、顔を合わせ、繰り返し誘われても断り続けていたが、最後の最後に折れた。

「星野さんは阪神を優勝させたいという希望に満ちていた。それに引き寄せられた。星野さんじゃなかったら誰が監督でも阪神には来ていない」と移籍を決断した理由を語る。

星野からは「おまえがやっている全力疾走や、野球に対する取り組み方、全力プレーを見せてほしい」と熱く口説かれたという。

このオフ、13人の新人を含めて実に24人の選手を前年から入れ替えた。投手陣には実績のある伊良部秀輝や下柳剛らが加わり、打線は金本が3番に座ることで、俊足の赤星憲広を生かした「つなぎの野球」が完成した。

新生タイガースは7月8日にリーグ史上最速でマジックナンバーを点灯させる快進撃を見せる。それでも金本は「戦力は巨人の方が上。正直、優勝できると思っていなかった。絶対にいつか落ちるときが来ると思っていたから、そのときに何ができるかを考えてやっていた」と言う。

優勝を確信できたのは8月27日の巨人戦だった。直前までの長期ロードを4勝11敗と大きく負け越していた。優勝の重圧がかかり始める中、甲子園球場に戻って迎えた一戦。一回に2点を先制されながら、その裏に金本が桑田真澄から逆転3ランを放って快勝。これで息を吹き返し、7連勝を飾るなど9月15日に本拠地で優勝を決めた。シーズンが終わってみれば、2位中日とは14・5ゲームの大差がついていた。

チーム本塁打はリーグ5位だったが、1試合平均で5・2得点。金本が「個人の数字に意識はなかった。手本を示さないといけないと思ってチーム打撃を意識した」と言うように、星野の下でチームが一丸となった結果だった。

〝猛虎〟に変貌を遂げたチームはフィーバーを巻き起こした。観客動員は球団史上初めて300万人を突破。大阪市中心部を南北に貫く御堂筋で行われたパレードには雨にもかかわらず沿道がファンで埋め尽くされ、平成15年の「今年の漢字」に「虎」が選ばれた。

2003年9月、18年ぶりのリーグ優勝を決め、ナインに胴上げされる阪神・星野監督＝甲子園

金本は「自分の人生の中で優勝ができた。チームに貢献できたというのはうれしかった」と振り返る。現在も続く球団の人気に火が付いたのはこの年だったと言う。「新しい歴史の1ページをつくったのはやっぱり星野さん。星野さんがいなければ今の阪神はない」と成績以外でも星野に大きな功績があったと思っている。

星野が70歳で他界するわずか1カ月ほど前の平成29（17）年12月1日。大阪市内で自身の野球殿堂入りを祝う会が開かれた。約950人が祝福に駆け付ける中、阪神時代の教え子たちに向けて「タイガースに来て私の人生はがらっと変わった。彼らに感謝したい」とほほ笑んだ。星野にとっても特別な一年だった。

巨人、原監督が辞任

中日に落合監督誕生

平成時代に名将となった原辰徳と落合博満の2人は平成15(2003)年オフの主役だった。原は巨人の監督を3年契約の2年目に突然辞任した。就任1年目の日本一からの暗転。9月26日の記者会見で「全て私の責任」と悔しさをにじませた。

フロントとの確執が辞任の引き金だった。阪神に独走を許した9月に就任した三山秀昭球団代表と再建案を巡って対立。渡辺恒雄オーナーは監督交代を「人事異動」と表現した。屈辱を経験した原だが平成18(06)年に監督に復帰すると10年間で2度のリーグ3連覇と2度の日本一を達成。平成31(19)年から3度目の指揮を執っている。

巨人のドタバタ劇をはた目に落合は10月8日に中日の監督就任会見で「勝てばいいんだ」と

言い放った。現役時代に3度の三冠王に輝いた名選手はその言葉通り、監督としても手腕を発揮。8年間で4度のリーグ優勝を果たした。

平成15年（2003年）

セ・リーグ　順位表　パ・リーグ

		勝	敗	分	勝率	差
①	阪神	87	51	2	.630	ー
②	中日	73	66	1	.525	14.5
③	巨人	71	66	3	.518	15.5
③	ヤクルト	71	66	3	.518	15.5
⑤	広島	67	71	2	.486	20.0
⑥	横浜	45	94	1	.324	42.5

		勝	敗	分	勝率	差
①	ダイエー	82	55	3	.599	ー
②	西武	77	61	2	.558	5.5
③	近鉄	74	64	2	.536	8.5
④	ロッテ	68	69	3	.496	14.0
⑤	日本ハム	62	74	4	.456	19.5
⑥	オリックス	48	88	4	.353	33.5

日本シリーズ成績

ダイエー（王監督）4勝3敗　○○●●●○○　阪神（星野監督）3勝4敗

セ・リーグ　主な表彰選手　パ・リーグ

最優秀選手	井川　慶（神）	
最優秀新人	木佐貫洋（巨）	
首位打者	今岡　誠（神）	.340
最多本塁打	ラミレス（ヤ）	40
	ウッズ（横）	40
最多打点	ラミレス（ヤ）	124
最優秀防御率	井川　慶（神）	2.80
最多勝利	井川　慶（神）	20
最多奪三振	上原浩治（巨）	194

最優秀選手	城島健司（ダ）	
最優秀新人	和田　毅（ダ）	
首位打者	小笠原道大（日）	.360
最多本塁打	ローズ（近）	51
最多打点	松中信彦（ダ）	123
最優秀防御率	斉藤和巳（ダ）	2.83
	松坂大輔（西）	2.83
最多勝利	斉藤和巳（ダ）	20
最多奪三振	松坂大輔（西）	215

プロ野球十大ニュース

① 阪神が18年ぶりセ・リーグ優勝するも星野仙一監督退任
② ダイエーが4年ぶり日本一
③ 長嶋茂雄監督率いる日本代表がアジア選手権で優勝してアテネ五輪出場決定
④ 巨人・原辰徳監督がわずか2年で辞任
⑤ 中日監督に落合博満氏が就任
⑥ 西武の松井稼頭央がFAで米大リーグ、メッツ入り
⑦ ロッテは9年ぶりにバレンタイン監督の復帰が決まった
⑧ 日本ハムが札幌移転を翌年に控えて新庄剛志を獲得
⑨ パ・リーグがプレーオフ制度導入を決定
⑩ オリックスは開幕20試合目で石毛宏典監督を解任

主な物故者

6月2日　小鶴　誠　「和製ディマジオ」と呼ばれた。松竹時代の昭和25（1950）年にマークしたシーズン161打点は現在もプロ野球記録。

平成16年［2004年］
球界再編に揺れた一年

苦渋のストライキ

平成16（2004）年6月13日、オリックスと近鉄が球団合併を協議していることが報じられ、球界再編騒動の幕が上がった。「もう一つの合併が進行中」「10球団による1リーグ構想」など立て続けにニュースが飛び交い、プロ野球70年の節目のシーズンはグラウンド外で大きく揺れた。

6月末にライブドアが近鉄球団買収の意向を表明したが、近鉄側が拒否。売却できない理由が明確に説明されない状況に、労組・日本プロ野球選手会の選手会長だったヤクルトの古田敦也は「身売りではなく、何で合併なのか。ここで立たないと意味がないと思った」と当時を振り返る。

球団がなくなることで、選手の生活が脅かされることもあったが、それ以上にファン離れが起きることを恐れた。球団数が減れば、1球団当たりの収入が増えるとの経営側の主張は到底、納得できるものではなかった。

球団側は交渉の中で「発展的破壊」との言葉を繰り返した。「今は破壊するけれど、将来は発展するんだ」。平成12（00）年ごろから野球中継の視聴率や観客動員が落ちていた。野球のパイを12球団で分けているから赤字になる。これを10球団や8球団で分け合えば1球団当たりの取り分が増えるので、赤字球団が減って健全経営できるというのが当時の経営者側の主張だった。古田はこの発想に真っ向から異を唱えた。「われわれは反対で、パイを増やさないと意味がない。球団数が減ればパイも小さくなるに決まっている」。交渉は平行線だった。

代理人に任せられる話ではなく自ら交渉の席に座った。昼はスーツ姿で折衝し、夜はユニホームに着替えてグラウンドに立った。

「向こうの弁護士たちは僕に矢を飛ばしてくる。どうせおまえは法律のことを知らないだろうって。でも、逆に意外にいい線を突いていて、真っ向勝負では勝てないと思われているから、俺に言ってくるのかなと思った」

ナイター後にカラオケボックスで弁護士から労働法や労働組合法のレクチャーを受けた。「カラオケボックスなら選手が行っても不思議じゃないでしょう」。相手に手の内を知られないように猛勉強を重ねて対抗した。

選手会は9月6日に神戸市内で臨時運営委員会を開き、球団合併の1年間の凍結などが認められなければ、毎週土、日曜日の全公式戦でストライキを行うことを決定した。最初の週末だった11、12日はぎりぎりで回避されたが翌週の交渉は難航した。

17日の金曜日。交渉期限を4時間、延長したが最後まで合意できなかった。経営者側にはストを打てば、ファンの批判は選手に向かうとの計算もあり、態度はかたくなだった。来季の12球団維持について「最大限の努力をする」との文言すら経営者側は最後まで受け入れなかった。

2004年9月19日、日本プロ野球選手会主催のイベントで、ファンのスト支持に感激した表情を見せる古田選手会長（中央）ら＝東京・銀座

選手会は18、19日のスト決行を決断した。その夜、古田はテレビに出演してファンに涙ながらに謝罪した。野球を楽しみにしているファンがいる以上、ストは避けるべきだと思っている。「でも、うやむやにしていたら、子どもたちが大きくなった時に何であの時に止めてくれなかったんだと言われる」と今でも判断に誤りはなかったと確信している。

スト直後に行われた各メディアの世論調査では選手会支持が目立った。これが追い風となる。経営者側の態度は一変。12球団維持のために新規参入の促進で合意し、オリックスと近鉄の合併公表から約100日でようやく収拾した。

新規参入した楽天が仙台に根を張ったように地域密着が進み、球界再編騒動から15年がたった平成30（2018）年には観客動員数が両リーグともに史上最多を更新した。古田は「街と一緒に発展していく。プロ野球もそういう形になってきた」とうれしそうに語った。

新庄、球宴で本盗決める

日本復帰1年目で

米大リーグから日本球界復帰1年目の新庄剛志（日本ハム）が、平成16（2004）年のオールスターゲーム第2戦でファンを驚かせた。

0―0の三回2死だった。三塁走者として福原忍と矢野輝弘の阪神の2人で組んだバッテリーをじっくりと観察していた。6球目を捕球した矢野からマウンドの福原に球が投げ返された瞬間だった。本塁に向けて猛然とスタートを切るとヘッドスライディングで球宴史上初の単独ホームスチールを決め、満面の笑みで何度もグラウンドをたたいた。

2本の二塁打も放ったが、本盗成功が大きな決め手となって最優秀選手（MVP）に選ばれた。試合後に新庄は「ああいうプレーでもMVPは狙えるかな、と。パ・リーグを盛り上げるためにこのぐらいやらないと」と胸を張った。全パ監督の王貞治は「びっくりした。新庄らしい、米国仕込みのプレー」と絶賛した。

平成16年（2004年）

セ・リーグ　順位表　パ・リーグ

		勝	敗	分	勝率	差
①	中日	79	56	3	.585	ー
②	ヤクルト	72	64	2	.529	7.5
③	巨人	71	64	3	.526	8.0
④	阪神	66	70	2	.485	13.5
⑤	広島	60	77	1	.438	20.0
⑥	横浜	59	76	3	.437	20.0

		勝	敗	分	勝率	差
①	西武	74	58	1	.561	
②	ダイエー	77	52	4	.597	
③	日本ハム	66	65	2	.504	
④	ロッテ	65	65	3	.500	
⑤	近鉄	61	70	2	.466	
⑥	オリックス	49	82	2	.374	

※パ・リーグはプレーオフで順位を決めたため「ゲーム差（差）」なし

日本シリーズ成績

西武（伊東監督）4勝3敗　○●○●●○○　中日（落合監督）3勝4敗

セ・リーグ　主な表彰選手　パ・リーグ

最優秀選手	川上憲伸（中）	
最優秀新人	川島　亮（ヤ）	
首位打者	嶋　重宣（広）	.337
最多本塁打	ローズ（巨）	45
	ウッズ（横）	45
最多打点	金本知憲（神）	113
最優秀防御率	上原浩治（巨）	2.60
最多勝利	川上憲伸（中）	17
最多奪三振	井川　慶（神）	228

最優秀選手	松中信彦（ダ）	
最優秀新人	三瀬幸司（ダ）	
首位打者	松中信彦（ダ）	.358
最多本塁打	松中信彦（ダ）	44
	セギノール（日）	44
最多打点	松中信彦（ダ）	120
最優秀防御率	松坂大輔（西）	2.90
最多勝利	岩隈久志（近）	15
最多奪三振	新垣　渚（ダ）	177

プロ野球十大ニュース

① 球界再編問題を巡って史上初めてストライキが決行された
② 楽天がプロ野球では50年ぶりに新規参入を決めた
③ アテネ五輪代表の長嶋茂雄監督が脳梗塞で倒れ、銅メダルに終わる
④ アマ選手への裏金問題で巨人、横浜、阪神のオーナーが辞任
⑤ 西武が12年ぶり日本一
⑥ ソフトバンクがダイエーから球団買収
⑦ ダイエー・松中信彦が史上7人目の三冠王
⑧ 中日・落合博満監督が就任1年目でセ・リーグ優勝
⑨ 北海道に移転した日本ハムが新庄剛志の加入効果で観客増
⑩ 巨人の清原和博が2000安打、工藤公康が最年長200勝到達
次点　「赤ゴジラ」嶋基宏が解雇寸前から首位打者に大躍進

主な物故者

7月1日　高畠康真　コーチとして三冠王となった落合博満を育てるなど、選手育成にらつ腕を振るった。平成14（2002）年限りでロッテのコーチを退いた後、社会科教諭に転身した。

平成17年［2005年］

半世紀ぶりの新球団誕生

楽天、新風吹き込む

球界再編問題を経て、平成17（2005）年に新球団が産声を上げた。プロ野球に買収という形ではなく、球団が創設されるのは半世紀ぶり、平成時代では唯一のことだった。ＩＴ企業、楽天の創業者三木谷浩史をオーナーとする新興球団は仙台市を本拠に定め、平成のプロ野球に新風を吹き込んだ。

楽天は「ザ・ベースボール・エンターテインメント・カンパニー」と自称し、米大リーグを参考に球場の「ボールパーク化」を掲げた。平成24（12）年に球団社長に就任した立花陽三は「うちは試合がない日でもファンの方に来ていただき、楽しんでもらう場所を目指している。仙台はレジャーがあまりない地でもあるので、そのときに球場に来てほしい」とアトラクションなどの建設を進めた。

代表格が平成28（16）年に完成した高さ36メートルの観覧車だ。発想は「遊園地といえば何か」と至ってシンプル。ちょうど仙台市内の遊園地が閉園することを知り、買い取ったものを利用して左翼席後方に設置した。そのインパクトはひときわ強く、すぐに球場のシンボルになった。球場長の川田喜則は「ボールパークのランドマークとして成功例だった」と言う。

プロ野球の楽天が掲げる球場の「ボールパーク化」のシンボルとなった観覧車＝2016年5月、仙台市

観覧車の他にもメリーゴーラウンドなど子どもが遊べる遊具が並び、夏には水浴びができる滝が登場する。川田は「試合の開始3時間前に来て、試合が3時間あり、試合後1時間いれば1日がかり。ディズニーランドに遊びに来たのと一緒。そういう体験をここでつくっていただきたい」と狙いを語る。

球団創設1年目や初の日本一に輝いた平成25（13）年など、特殊な条件があった年を除けば、平成29（17）年に初めて球団の経営が黒字を計上した。立花は「ただ野球を見るだけではそこまでだったのが、いろんな要因でお客さまの下振れが止まった。ボールパーク化で飽きないような施策は打てていいるのかな」と分析する。

球場が野球を楽しむ場所だった時代から、野球を中心として球場そのものを楽しむ時代へと変化しつつある。日本ハムが北海道北広島市に建設する新球場はボールパーク構想を一歩進めて、球場を中心にショッピングモールやホテルなどの建設を計画。球場がエンターテインメントのハブ（拠点）になる構想を打ち出している。

楽天の球界参入から15年目。時代は平成から令和に変わった。立花は「甘えていてはいけないけど、『俺が行かないと駄目だから応援に行ってやるわ』という人が増えた。本当に東北中に根付き始めたかなというところまで来た」と実感している。

ファンを楽しませる工夫は着実に実ってきた。それでも「理想の球場にはまだ50パーセントぐらい。野球観戦の新たなスタイルをつくりたいし、もっと面白いものをつくらないと」とまだ満足はしていない。

交流戦がスタート

「改革元年」の目玉

球界再編騒動を受けて「改革元年」の目玉として平成17（２００５）年にセ、パ両リーグの交流戦が導入された。例年、集客に苦しんできたゴールデンウイーク明けの開催にもかかわらず、１試合平均の観客数は交流戦の前と比較して約３％増の２万３４４９人とファンの関心を呼んだ。

人気低迷と赤字にあえぐパの球団が何度も訴えてきた悲願。近鉄球団の消滅やプロ野球史上初のストライキという代償を払ってまで実現にこぎつけたが、その後も両リーグ間には微妙な温度差が残った。当初は各チーム36試合制だったが、平成19（07）年から24試合制となり、平成27（15）年からは18試合制に削減されている。

対戦成績ではパが圧倒している。セが勝ち越したのは平成21（09）年の１度だけ。平成22（10）年にはパの６球団が上位を占めるなど平成30（18）年までの14年間で、パが１０４０勝９２０敗56分けと大きく勝ち越している。

平成17年（2005年）

セ・リーグ　順位表　パ・リーグ

		勝	敗	分	勝率	差
①	阪神	87	54	5	.617	ー
②	中日	79	66	1	.545	10.0
③	横浜	69	70	7	.496	17.0
④	ヤクルト	71	73	2	.493	17.5
⑤	巨人	62	80	4	.437	25.5
⑥	広島	58	84	4	.408	29.5

		勝	敗	分	勝率	差
①	ロッテ	84	49	3	.632	
②	ソフトバンク	89	45	2	.664	
③	西武	67	69	0	.493	
④	オリックス	62	70	4	.470	
⑤	日本ハム	62	71	3	.466	
⑥	楽天	38	97	1	.281	

※パ・リーグはプレーオフで順位を決めたため「ゲーム差（差）」なし

日本シリーズ成績

ロッテ（バレンタイン監督）4勝0敗　○○○○　阪神（岡田監督）0勝4敗

セ・リーグ　主な表彰選手　パ・リーグ

最優秀選手	金本知憲（神）	
最優秀新人	青木宣親（ヤ）	
首位打者	青木宣親（ヤ）	.344
最多本塁打	新井貴浩（広）	43
最多打点	今岡　誠（神）	147
最優秀防御率	三浦大輔（横）	2.52
最多勝利	下柳　剛（神）	15
	黒田博樹（広）	15
最多奪三振	三浦大輔（横）	177
	門倉　健（横）	177

最優秀選手	杉内俊哉（ソ）	
最優秀新人	久保康友（ロ）	
首位打者	和田一浩（西）	.322
最多本塁打	松中信彦（ソ）	46
最多打点	松中信彦（ソ）	121
最優秀防御率	杉内俊哉（ソ）	2.11
最多勝利	杉内俊哉（ソ）	18
最多奪三振	松坂大輔（西）	226

プロ野球十大ニュース

① ロッテが31年ぶり日本一
② セ、パ交流戦がスタート
③ 楽天、新規参入１年目は97敗を喫するも黒字
④ 巨人、球団ワーストの80敗
⑤ 阪神が２年ぶりリーグ優勝
⑥ ヤクルト・古田敦也と広島・野村謙二郎が通算2000安打を達成
⑦ 楽天と横浜を保有するTBSとの経営統合問題が野球協約違反との議論呼ぶ
⑧ ドラフト会議を高校生と大学・社会人で分離開催
⑨ 横浜クルーンが161キロで最速記録を更新
⑩ ソフトバンクが２年連続で優勝逃す
次点 西武・西口文也が２度もノーヒットノーランを目前で逃す

主な物故者

2月6日　皆川睦雄　最後の30勝投手。杉浦忠とともに南海（現ソフトバンク）を支えた。
12月15日　仰木　彬　近鉄、オリックスの監督として野茂英雄やイチローを育てた。相手の意表を突く采配は「仰木マジック」と呼ばれた。

平成18年［2006年］

王ジャパン、世界で躍動

WBC初代王者に

平成18（2006）年3月20日、日本代表を監督として率いた王貞治が米サンディエゴで宙に舞った。第1回ワールド・ベースボール・クラシック（WBC）の決勝でキューバを10―6で下し、初代王者になった。現在ソフトバンクの球団会長を務める王は「それまでも胴上げは何回もされたけど、やっぱり格別なものだったね」と懐かしそうに語った。

東京ドームで行われた1次リーグは1位通過を懸けて戦った韓国にこそ惜敗したが、中国と台湾にはコールドゲームで勝ち、突破していた。ドラマが生まれたのは、米国に舞台を移した2次リーグだった。

初戦の米国戦。3―3の八回1死満塁で三塁走者の西岡剛（ロッテ）は左飛でタッチアップして本塁を駆け抜けた。米側は離塁が早かったとアピールしたが、塁審のコールはセーフ。だが、ボブ・デービッドソン球審が判定を覆してアウトとなり、最終的に日本は九回にサヨナラ負けを喫した。

球審の判断に、王は「一番近くで見ていた審判員がセーフと言っているのだから、遠くにいた審判員が訂正するのはおかしい」と激怒。日本のプロ野球コミッショナー事務局にもファンから抗議の電話が寄せられるなど世論がヒートアップした。

その後、日本はメキシコには勝ったが、韓国に再び競り負けて1勝2敗。2次リーグ突破はメキシコ－米国の結果に委ねられた。既に3戦全勝の韓国の準決勝進出は決定済み。残りは1枠。日本が突破するためには、米国が負けるのが最低条件だった。しかも日本、米国、メキシコが1勝2敗で並んだ場合、3チーム間の失点率で順位が決まるため、米国が2失点以上で負けなければ日本の敗退が決まる。

2006年３月、WBC の初代王者に輝き、ファンの声援に応える王監督＝サンディエゴ（共同）

諦めムードが漂う中、王も帰国のための荷造りを終え、中華レストランで記者に囲まれて食事をしていた。悔しさをにじませつつも穏やかな表情でビールを味わっていたが、メキシコが2－1で米国にリードしているとの情報が入り雰囲気は一変。そのまま試合が終わると足早に宿舎に戻り、ミーティングを開いて決勝トーナメントに向けて気持ちを入れ直した。

「九死に一生って言うのかな。もう怖いものがなくなった。あとはやるのみってね」

その言葉通り、韓国と3度目の対戦となった準決勝では勝負強さを発揮して6—0で快勝。決勝はアマで世界最強とされたキューバから一回に一挙4点を奪って最後まで主導権を渡さなかった。

平成16（04）年に球界再編騒動が起きるなど野球界には人気低迷への危機感が高まっていた時期の優勝だった。王は「日本が自信を持った第1回大会だった」と述懐した。

金本、鉄人記録を更新

連続試合全イニング出場

平成18（2006）年4月9日、阪神の金本知憲は大阪ドーム（現京セラドーム大阪）での横浜（現DeNA）戦にフル出場し、連続試合フルイニング出場を904試合に伸ばした。米大リーグ記録とされたカル・リプケン（オリオールズ）の903試合を抜いた瞬間だった。

広島時代の平成11（1999）年7月21日の阪神戦から8年をかけての大記録。平成16（2004）年に左手首を骨折するなど幾度も戦線を離脱する危機があったが、不屈の精神で1イニングも休まず出場を続けた。

記録が途切れたのは、平成22（10）年4月18日。横浜スタジアムでの横浜戦で先発を外れ、フルイニング出場は1492試合で止まったが、八回に代打で出場して連続試合出場は継続。こちらは平成10（1998）年7月10日から平成23（2011）年4月14日まで1766試合連続をマークして「鉄人」の異名をほしいままにした。

平成18年（2006年）

セ・リーグ　順位表　パ・リーグ

		勝	敗	分	勝率	差
①	中日	87	54	5	.617	ー
②	阪神	84	58	4	.592	3.5
③	ヤクルト	70	73	3	.490	18.0
④	巨人	65	79	2	.451	23.5
⑤	広島	62	79	5	.440	25.0
⑥	横浜	58	84	4	.408	29.5

		勝	敗	分	勝率	差
①	日本ハム	82	54	0	.603	
②	西武	80	54	2	.597	
③	ソフトバンク	75	56	5	.573	
④	ロッテ	65	70	1	.481	
⑤	オリックス	52	81	3	.391	
⑥	楽天	47	85	4	.356	

※パ・リーグはプレーオフで順位を決めたため「ゲーム差（差）」なし

日本シリーズ成績

日本ハム（ヒルマン監督）４勝１敗　●○○○○　中日（落合監督）１勝４敗

セ・リーグ　主な表彰選手　パ・リーグ

最優秀選手	福留孝介（中）	
最優秀新人	梵　英心（広）	
首位打者	福留孝介（中）	.351
最多本塁打	ウッズ（中）	47
最多打点	ウッズ（中）	144
最優秀防御率	黒田博樹（広）	1.85
最多勝利	川上憲伸（中）	17
最多奪三振	川上憲伸（中）	194
	井川　慶（神）	194

最優秀選手	小笠原道大（日）	
最優秀新人	八木智哉（日）	
首位打者	松中信彦（ソ）	.324
最多本塁打	小笠原道大（日）	32
最多打点	小笠原道大（日）	100
	カブレラ（西）	100
最優秀防御率	斉藤和巳（ソ）	1.75
最多勝利	斉藤和巳（ソ）	18
最多奪三振	斉藤和巳（ソ）	205

プロ野球十大ニュース

① 日本がWBC初代王者
② 西武・松坂大輔、阪神・井川慶がポスティングシステムで米移籍
③ 日本ハムが44年ぶり日本一
④ ソフトバンクの王貞治監督が胃がんで手術
⑤ 中日が２年ぶり優勝。山本昌が41歳で無安打無得点試合達成
⑥ 日本ハム・新庄剛志が現役引退
⑦ セ、パが翌年からのクライマックスシリーズ導入を決定
⑧ FAで小久保裕紀は巨人から古巣ソフトバンクに復帰、黒田博樹は行使せずに広島に残留
⑨ 阪神・金本知憲が連続試合フルイニング出場で米大リーグ記録の903試合を上回った
⑩ 巨人は原辰徳監督が３年ぶりに復帰したが10連敗を喫するなど低迷
次点 ソフトバンク・斉藤和巳が最優秀防御率、最多勝、勝率第１位、奪三振王の４冠

主な物故者

2月9日　藤田元司　巨人のエース。監督としても２度、日本一に導いた。「瞬間湯沸かし器」と称されるほど短気だったが、普段はグラウンド上でも球場外でもマナーが良く、「球界の紳士」と言われた。

平成19年［2007年］
山井、幻の完全試合

日本シリーズで快挙目前

「ヤマイ！　ヤマイ！　ヤマイ！　ヤマイ！」

平成19（2007）年11月1日、ナゴヤドームで行われた日本シリーズ第5戦。中日が勝てば日本一が決まる一戦で、山井大介は日本ハム打線を八回まで打者24人で完璧に打ち取っていた。完全試合達成に期待が高まるファンの歓声を切り裂くかのようにアナウンスが流れた。

「ピッチャー山井に代わりまして、岩瀬」

公式記録員として日本シリーズでは初めてメインの担当を務めていた加藤木保は「とにかく球場全体が変な雰囲気に包まれた」と回顧する。

岩瀬仁紀がこの試合前に想定していたのは、ファンのコールに迎えられて九回のマウンドに向かうことだった。

だが、実際は違った。どよめきが広がるスタンド。「自分が出て行っていいのか」。それでも

2007年11月、日本ハムとの日本シリーズ第５戦に先発し、８回まで１人の走者も許さなかった中日・山井（右）と、日本一となりガッツポーズする中日抑えの岩瀬。奥は万歳する中村紀＝ナゴヤドーム

動揺したのは一瞬だった。グラウンドに立ち、考えたのはただ一つ。

「何が何でも3人で抑える」

自分も完璧な投球をしなければ、ファンからもメディアからも采配を疑問視する声が噴出することは目に見えていたからだ。

岩瀬は背番号と同じ13球で三つアウトを奪い、継投での完全試合を達成した。

「ああ良かった。ほっとした」

ゲームセットの瞬間は日本一になった喜びよりも、安堵《あんど》の気持ちの方が強かった。ところが岩瀬が安心したのもつかの間、翌朝にはこの継投に批判的な紙面が一斉に並んだ。平成30（18）年に引退してなお、このときのことを挙げてプロ野球人生の中で一番、「忘れられない、思い出したくない試合」と振り返る。

「抑えたのに責められたのは後にも先にも初めてだった。自分の仕事を果たしたのに『なんで』

って気持ちでいっぱいだったし、傷ついたね。いまだに『日本シリーズ』と聞くとドキッとする」と言う。

一方の山井は試合前日、極度の緊張で食べることも眠ることもできなかった。当日、試合前に同僚の川上憲伸が同じ日本ハムを相手に力投するビデオを見て少し落ち着いたが、緊張が解けたのは四回からだった。自分が配球通りに投げられていることに気が付き、冷静になれた。テンポよく一回一回が終わっていく。

「打たれる気がしない」

三回までに右手中指のまめは破れていたが、それまでにも破れながら投げたことはあり、気にならなかった。

八回が終わって86球。1点のリードの中で九回も投げられると思った。ここまで来たら完全試合達成ももちろん頭にあった。ヘッドコーチだった森繁和がやってきて「どうする」と声を掛けられた。

続投するのか、しないのか。このとき、ベンチ裏で起きた出来事を、山井はこれまで誰にも話してこなかったが、今回の取材で実は「行きます」と続投を志願していたことを初めて明かした。

その言葉を聞いた森は「分かった」とうなずき、そのままきびすを返してベンチに戻ろうとした。だが、何歩、歩いたのか、数メートル進んだところで、山井は森を呼び止めた。

「待ってください」

森が振り返ると、「岩瀬さんでお願いします」と言葉をつないでいた。

試合前のイメージトレーニング。胴上げ投手として宙を舞っていたのは岩瀬だった。その姿が頭の中をかすめたという。そして何より、山井が欲しかったのは完全試合という個人の勲章ではなく、チームの「日本一」だった。シーズンを通して試合を締めてきた岩瀬が、最後にマウンドに立つのがふさわしい。そう思い直し、納得して降板することを伝えた。

一度は続投を志願していたことに、一人の投手として、完全試合を達成したかったという思いや迷いがにじむ。プロとしての誇りが強ければ強いほど、「続投したい」という気持ちは当然、抱くものであっただろう。

森は山井が九回を岩瀬に託したことについて「うれしかったし、良かったよ」と振り返る。当時の首脳陣がはじき出した一番勝利に近い道を、チーム全員が一致して選択した瞬間だった。

後年、岩瀬は「あれは落合さんが監督だったからできたこと。同じことはもう2度と起きないだろう」と話した。岩瀬と山井がこの件で言葉を交わしたことは今に至るまでないが、互いに任せられた仕事をいつも通りに遂行しただけだとの思いは2人に共通している。山井は「九回を投げておけばと思ったことは、一度もない」と言い切った。

ただ、記憶に強く残っていることがある。自分の続投を望むファンの「山井コール」だ。引き揚げたロッカールームにまで聞こえてきて、自然と涙がにじんだ。この試合は「幻の完全試合」と語り継がれてきた。そして山井にとっては「自分の野球人生で一番うれしい出来事だった」と心に刻まれた試合となっている。

セ、パでCS導入

議論重ねて定着

セ、パ両リーグはクライマックスシリーズ（CS）を平成19（2007）年に導入した。パが収入増を狙い平成16（04）年からリーグ優勝を懸けて始めたプレーオフ制がきっかけだった。レギュラーシーズンの価値を守りたいとするセの要望があり、優勝チームはレギュラーシーズンの順位で決め、CSは日本シリーズ出場権を争う方式となった。

制度は試行錯誤が続いている。1年目にセ優勝の巨人が日本シリーズに進めず、翌年から優勝チームに1勝のアドバンテージを与えることが決まった。平成29（17）年は広島が2位に10

ゲーム差をつけて優勝しながらＣＳで敗退。平成30（18）年の西武も6・5ゲーム差で優勝を決めたがＣＳを突破できず、アドバンテージの在り方など賛否は今もある。

それでも平成22（10）年にはロッテが3位から日本一にまで駆け上がり「史上最大の下克上」と呼ばれるなどシーズン終盤の盛り上がりには欠かせない試合となり、ファンの間にも定着している。

平成19年（2007年）

セ・リーグ　順位表　パ・リーグ

		勝	敗	分	勝率	差
①	巨人	80	63	1	.559	—
②	中日	78	64	2	.549	1.5
③	阪神	74	66	4	.529	4.5
④	横浜	71	72	1	.497	9.0
⑤	広島	60	82	2	.423	19.5
⑥	ヤクルト	60	84	0	.417	20.5

		勝	敗	分	勝率	差
①	日本ハム	79	60	5	.568	—
②	ロッテ	76	61	7	.555	2.0
③	ソフトバンク	73	66	5	.525	6.0
④	楽天	67	75	2	.472	13.5
⑤	西武	66	76	2	.465	14.5
⑥	オリックス	62	77	5	.446	17.0

日本シリーズ成績

中日（落合監督）4勝1敗　●○○○○　日本ハム（ヒルマン監督）1勝4敗

セ・リーグ　主な表彰選手　パ・リーグ

最優秀選手	小笠原道大（巨）	
最優秀新人	上園啓史（神）	
首位打者	青木宣親（ヤ）	.346
最多本塁打	村田修一（横）	36
最多打点	ラミレス（ヤ）	122
最優秀防御率	高橋尚成（巨）	2.75
最多勝利	グライシンガー（ヤ）	16
最多奪三振	内海哲也（巨）	180

最優秀選手	ダルビッシュ有（日）	
最優秀新人	田中将大（楽）	
首位打者	稲葉篤紀（日）	.334
最多本塁打	山崎武司（楽）	43
最多打点	山崎武司（楽）	108
最優秀防御率	成瀬善久（ロ）	1.82
最多勝利	涌井秀章（西）	17
最多奪三振	ダルビッシュ有（日）	210

プロ野球十大ニュース

① 中日が53年ぶり日本一に輝くも幻の完全試合に賛否
② 西武がアマ選手に不正に金銭を渡していたことが発覚
③ 星野仙一監督率いる日本代表が北京五輪出場を決める
④ 日本ハムが球団史上初のパ・リーグ連覇
⑤ 巨人が5年ぶりセ・リーグ優勝
⑥ 日本ハム・ダルビッシュ有がパ・リーグMVPと沢村賞に輝く
⑦ ヤクルト・古田敦也監督兼捕手が引退
⑧ 広島・前田智徳と日本ハム・田中幸雄が通算2000安打
⑨ 21年目の楽天・山崎武司が43本塁打、108打点で2冠
⑩ ドーピング検査を本格導入し、ソフトバンクのガトームソンが違反第1号
次点 元西鉄投手の「鉄腕」稲尾和久氏が70歳で死去

主な物故者

11月13日　稲尾和久　西鉄（現西武）で通算276勝、シーズン最多の42勝を挙げた「鉄腕」。巨人との日本シリーズで3連敗後の4連投で4連勝。サヨナラ本塁打も放ち「神様、仏様、稲尾様」と喝采を浴びた。

平成20年［2008年］
北京五輪4位に沈む

チーム一丸になれず

平成20（2008）年、金メダル獲得を目標に掲げて北京五輪に臨んだ日本代表はメダルに届かず4位に終わった。「日本の野球界のために一番輝くものを狙う」と宣言した星野仙一監督の思いは届かなかった。現在、ヤクルトのヘッドコーチで当時主将を務めた宮本慎也は「思い出したくないことはないけど。大変だったし、難しさを感じた」と言葉を選びながら苦々しい記憶をたどった。

平成19（07）年12月のアジア予選で全勝して出場権を獲得したが、本大会の重圧は別物だった。8カ国・地域の総当たりの1次リーグでは初戦でキューバに敗れるなど4勝3敗。何とか決勝トーナメントに進んだが、4位とギリギリだった。

平成20年8月22日の準決勝。韓国に2―6で敗れた瞬間のことが脳裏に焼き付いている。最後のボールを捕球した韓国の右翼手はグラブに手を合わせ、拝むようにしてグラウンドに突っ伏した。自分たちも金メダルを本気で取るつもりで北京に乗り込んでいたことは間違いなかったが「あれを見た時に、思いの強さは韓国より上だったかなと思った」と振り返る。

3位決定戦にも敗れ、結局、韓国、キューバ、米国の上位3チームには1勝もできずに戦いを終えた。敗因は天然芝やストライクゾーンへの対応、短期決戦への準備不足などが挙げられた。

宮本は田中将大（楽天）やダルビッシュ有（日本ハム）ら若手と、矢野輝弘（阪神）らベテランまで幅広い世代がそろった代表が一丸となれなかったことを悔やむ。「僕がうまく選手をまとめられなかった。正直、最後はあっち向いている選手もいたと思う」といまだに責任を感じている。

平成30（18）年1月に亡くなった星野監督の姿勢は宮本に受け継がれている。北京五輪代表が始動する前のことだった。星野から呼び出されると、ヘッド兼打撃コーチの田淵幸一、守備走塁コーチの山本浩二もいた。

その場で星野から主将を託された。「俺たちは

2008年８月、北京五輪の準決勝で韓国に敗れ、肩を落として引き揚げる宮本（中央）ら野球日本代表＝北京（共同）

五輪を知らない。気付いたことがあったら何でも言ってくれ。こう見えても聞く耳はあるから」と言われたという。

「『闘将』と呼ばれるだけあって、当然、血の気も多い。でも、ちゃんとコミュニケーションが取れる方だった。教えてもらったり、見てきたりした部分は自分の中で生かしていく」と気を引き締める。

令和2年に行われる20年東京五輪では北京大会以来、野球が実施される。監督は北京五輪を経験した稲葉篤紀。野球人口の減少を危惧する宮本は「東京五輪では国民に感動してもらえるような試合をして、金メダルを取って。やることがたくさんある大会」と重要な大会と位置付ける。「五輪には独特の重圧がある。それが自国開催ならなおさら。いつもと違う雰囲気の中で戦っているプロ野球選手を間近に見て、日本の子どもたちに『ここに出たい』と思ってもらえるような試合をすることが底辺拡大につながる」とかつての盟友が率いる日本代表の健闘を期待している。

令和6（24）年のパリ五輪では追加種目候補から外れた。自らはアテネと北京で五輪に出場したことで大会の持つ意味を知るだけに「五輪は世界のスポーツの祭典。その中に野球が入らないのは悔しいし、残念」と肩を落とす。「野球界で人を集める努力をしないといけない。野球人口が減るということは、レベルも下がるということ」と危機感を口にした。

王監督、突然の退任発表

健康面の不安拭えず

ソフトバンクの王貞治監督は突然、退任を発表した。翌日に本拠地最終戦を控えた平成20(2008)年9月23日。普段のデーゲームと変わらず午前8時前に球場入りすると孫正義オーナーに午前中に電話で報告。試合後に退任を公にした。

平成18(06)年、ワールド・ベースボール・クラシック(WBC)で監督として日本を初代王者に導いた後、胃の全摘手術を受けた。翌年に現場に復帰したが、健康面の不安は消えなかった。

平成20年のシーズン。8月14日、昼食後に体調を崩して試合を欠場した。優勝争いに踏みとどまっていたチームは9月に入って失速。「結果責任は当然ある」。14年間、支えてくれた福岡のファンに直接、別れを告げるために、本拠地最終戦の前日に退任を発表した。義理堅い王らしいけじめのつけ方だった。

平成20年（2008年）

順位表

セ・リーグ

		勝	敗	分	勝率	差
①	巨人	84	57	3	.596	ー
②	阪神	82	59	3	.582	2.0
③	中日	71	68	5	.511	12.0
④	広島	69	70	5	.496	14.0
⑤	ヤクルト	66	74	4	.471	17.5
⑥	横浜	48	94	2	.338	36.5

パ・リーグ

		勝	敗	分	勝率	差
①	西武	76	64	4	.543	ー
②	オリックス	75	68	1	.524	2.5
③	日本ハム	73	69	2	.514	4.0
④	ロッテ	73	70	1	.510	4.5
⑤	楽天	65	76	3	.461	11.5
⑥	ソフトバンク	64	77	3	.454	12.5

日本シリーズ成績

西武（渡辺監督）４勝３敗　○●●○●○○　巨人（原監督）３勝４敗

主な表彰選手

セ・リーグ

最優秀選手	ラミレス（巨）	
最優秀新人	山口鉄也（巨）	
首位打者	内川聖一（横）	.378
最多本塁打	村田修一（横）	46
最多打点	ラミレス（巨）	125
最優秀防御率	石川雅規（ヤ）	2.68
最多勝利	グライシンガー（巨）	17
最多奪三振	ルイス（広）	183

パ・リーグ

最優秀選手	岩隈久志（楽）	
最優秀新人	小松　聖（オ）	
首位打者	リック（楽）	.332
最多本塁打	中村剛也（西）	46
最多打点	ローズ（オ）	118
最優秀防御率	岩隈久志（楽）	1.87
最多勝利	岩隈久志（楽）	21
最多奪三振	杉内俊哉（ソ）	213

プロ野球十大ニュース

① 星野仙一監督率いる日本代表が北京五輪でメダル逃す
② 西武・渡辺久信新監督が下馬評を覆して日本一
③ 巨人が13ゲーム差を逆転してセ・リーグ２連覇
④ ソフトバンク・王貞治監督が突然の退任発表
⑤ 清原和博が41歳の誕生日に引退発表
⑥ 楽天・岩隈久志が投手部門３冠でMVP
⑦ WBC監督問題は迷走の末に原辰徳監督が就任
⑧ 阪神・岡田彰布監督が逆転で優勝逃し辞任
⑨ 阪神・金本知憲が通算2000安打、山本昌が通算200勝を40代で到達
⑩ 横浜・内川聖一が右打者最高打率の３割７分８厘で首位打者
次点 巨人・上原浩治、中日・川上憲伸がFAで米大リーグ挑戦

主な物故者

2月28日　江藤慎一　プロ野球史上初めてセ、パ両リーグで首位打者を獲得した。気迫をむき出しにするプレースタイルから「闘将」と呼ばれた。

第3章 二刀流（平成21年～31年）

（前ページの写真）

「4番・投手」で出場し、投打に活躍した日本ハムの大谷翔平＝2017年10月4日、札幌ドーム

平成21年［2009年］

イチロー、鮮やか決勝打

WBC連覇導く2点適時打

平成21（2009）年3月23日、イチロー（マリナーズ）が米ロサンゼルスのドジャースタジアムで行われた第2回ワールド・ベースボール・クラシック（WBC）の韓国との決勝の延長十回2死二、三塁で勝ち越し点を挙げた。中前に鮮やかに抜けたライナーは日本の大会2連覇を手繰り寄せる2点適時打となり、記憶に深く刻まれる一打となった。

不振を極めていた。18日の2次ラウンドでのキューバ戦。負ければ終わりとなる試合で七回に13打席ぶりに安打を放ったが、直前の打席ではバントに失敗していた。「ほぼ折れかけていた心が完全に折れて、僕だけキューバのユニホーム（を着ているよう）に思えた」と自虐するほど追い込まれていた。大会前からの大きな期待、それまでのスランプの深刻さも相まって、土壇場での復活打は大きなインパクトを残した。

この一撃から約1週間後、マリナーズに戻ってからのオープン戦中に体調不良で途中交代し

2009年のWBC決勝の10回、イチローが中前に勝ち越し２点打を放つ。投手韓国・林昌勇＝ロサンゼルス（共同）

た。その後の精密検査で胃潰瘍が判明。メジャーに移籍後初めて開幕を故障者リスト（DL）に入ったまま迎えた。「あの日は練習でキャッチボールの時からフラフラ。周りの景色が（貧血で）金色に見えた。知識のない素人でも血液にきっと問題があると分かった」と述懐する。

実は年始から体に異変を覚えていたが、日本代表はその立場上、何があっても辞退できないと腹をくくっていた。入院中は点滴針が刺さったままトイレに立ち、貧血で失神したこともある。その後は「この患者要注意。１人にさせてはいけない」と表示されたリストバンドを着けられた。殊勲打はまさに、心身ともに窮地の中で放ったものだった。

だが、野球選手イチローの真骨頂とも言える瞬間は、このタイムリー直後の姿にあった。いかなるときも感情に左右されず、やるべきことを当たり前にこなす。この時は二塁ベース上で、意識的に日本代表の三塁側ベンチから視線をそらしていた。

「皆が喜んでいるのを無視できない。だから見なかった」。喜びを共有してしまうとさまざまな感情が次のプレーへの集中力を妨げるかもしれない。

日本が勝ち越し、球場全体にどよめきが残る中、次打者の初球に三盗を決めた。「2アウトだったので本来なら行かないところ。でもあの場面で容赦は要らなかった」。後日、イチローはこの局面での選択を「因縁の相手にとことんダメージを与えないと」と説明した。この一手で執拗《しつよう》に追いすがっていた韓国代表に諦めムードが漂い始め、日本はWBC2連覇を目前とした。

マツダスタジアムが開場

ボールパーク化の先駆け

広島の新本拠地球場マツダスタジアムが平成21（2009）年4月10日に初の公式戦を迎えた。グラウンドと同じ高さの目線で臨場感を楽しめる「砂かぶり席」など趣向を凝らした席が話題になった。

球団は新球場の計画段階から延べ２００人以上の関係者を米国へ視察に送り込んだ。それで得た結論はメジャーの球場をまねするのではなくマイナーの３Aの球場を参考にすることだった。大き過ぎず、広島の都市の規模に合ったイメージを大切にした。

家族3世代が集える球場。その姿はそのまま地域密着にかじを切った日本のプロ野球のお手本となった。楽天の本拠地、楽天生命パーク宮城にはグラウンドを見下ろすように観覧車が立ち、球場を野球観戦だけの場にしない「ボールパーク化」が球界の主流となっている。

日本ハムが令和５（23）年の開場を目指す新球場は、商業施設やホテルが併設される予定。鉄道や道路のインフラを含め、球場が地域開発の核となっている。

平成21年（2009年）

セ・リーグ　順位表　パ・リーグ

		勝	敗	分	勝率	差
①	巨人	89	46	9	.659	―
②	中日	81	62	1	.566	12.0
③	ヤクルト	71	72	1	.497	22.0
④	阪神	67	73	4	.479	24.5
⑤	広島	65	75	4	.464	26.5
⑥	横浜	51	93	0	.354	42.5

		勝	敗	分	勝率	差
①	日本ハム	82	60	2	.577	―
②	楽天	77	66	1	.538	5.5
③	ソフトバンク	74	65	5	.532	6.5
④	西武	70	70	4	.500	11.0
⑤	ロッテ	62	77	5	.446	18.5
⑥	オリックス	56	86	2	.394	26.0

日本シリーズ成績

巨人（原監督）4勝2敗　○●○●○○　日本ハム（梨田監督）2勝4敗

セ・リーグ　主な表彰選手　パ・リーグ

最優秀選手	ラミレス（巨）	
最優秀新人	松本哲也（巨）	
首位打者	ラミレス（巨）	.322
最多本塁打	ブランコ（中）	39
最多打点	ブランコ（中）	110
最優秀防御率	チェン（中）	1.54
最多勝利	吉見一起（中）	16
	館山昌平（ヤ）	16
最多奪三振	ルイス（広）	186

最優秀選手	ダルビッシュ有（日）	
最優秀新人	摂津　正（ソ）	
首位打者	鉄平（楽）	.327
最多本塁打	中村剛也（西）	48
最多打点	中村剛也（西）	122
最優秀防御率	ダルビッシュ有（日）	1.73
最多勝利	涌井秀章（西）	16
最多奪三振	杉内俊哉（ソ）	204

プロ野球十大ニュース

① WBC2連覇
② 巨人がセ・リーグ3連覇と日本シリーズ制覇
③ 楽天が創設5年目で初のクライマックスシリーズ進出
④ 日本ハムが2年ぶりパ・リーグ制覇
⑤ 米球界入りとで揺れた岩手・花巻東高の菊池雄星は西武入り
⑥ 中日・立浪和義、広島・緒方孝市、ロッテ・小宮山悟が現役引退
⑦ リオデジャネイロ五輪での野球競技復活はならなかった
⑧ 阪神が5年ぶりにBクラスに転落
⑨ 広島が本拠地をマツダスタジアムに移転
⑩ 横浜・工藤公康は46歳で勝利投手

主な物故者

2月2日　山内一弘　毎日（現ロッテ）の「ミサイル打線」の中心打者として活躍。巧みなバットコントロールで「シュート打ちの名人」「打撃の職人」と評された。

平成22年［2010年］
ロッテ〝下克上〟で日本一

史上初の3位から頂点

「史上最大の下克上」と球団は銘打ち、快進撃をあおった。平成22（2010）年、ロッテはレギュラーシーズン3位から日本一にまで上り詰めた。当時の監督で平成31（19）年からオリックスの指揮を執っている西村徳文は「一つ勝つたびに、みんな強くなった」とグラウンドで選手が躍動した姿を思い出して目を細めた。

レギュラーシーズン最後の3試合は一つでも負ければ4位が決まる中で、3連勝。3位に滑り込み、西武とのクライマックスシリーズ（CS）ファーストステージに進出した。第1戦は九回に4点を奪って追い付き、延長十一回に福浦和也の本塁打で決勝点を挙げた。第2戦も九回に里崎智也のソロで追い付き、延長十一回に勝ち越してソフトバンクとのファイナルステージに進んだ。

ソフトバンク戦は相手に1勝のアドバンテージがあるため、ロッテが1勝2敗になった時点で後がなくなった。追い詰められた状況から劇的な3連勝。その勢いに乗り、日本シリーズは中日を4勝2敗1分けで下した。西村は「最後の最後まで諦めない。劣勢になっても、負ける気がしなかった」と実感を込めて当時を振り返った。

平成30（18）年からロッテの監督に就任した井口資仁は「連敗するけど連勝もする。ロッテのチームカラー。勢いに乗ると、とことん乗る。何かやってろうという空気だった」と笑う。

2010年11月、プロ野球日本シリーズを制覇して5年ぶりの日本一に輝き、ナインに胴上げされるロッテの西村監督＝ナゴヤドーム

今は楽天でプレーする今江年晶は「3位からなのでCSは負けて当然。伸び伸び野球」と重圧とは無縁で、大舞台を心から楽しめたと言う。

逆境での強さばかりが印象に残っているが、当時、総合ベンチコーチを務めた青山道雄は「言葉は悪いが、みんな『われ関せず』でやっていた」と苦笑する。西岡剛が206安打を放つなど能力の高い選手がそろっていたが、個性豊かな集団は、爆発力ともろさを併せ持っていた。

首脳陣は選手がプレーしやすい環境づくりを心掛けた。ミスをしても叱らない。全体ミーティングも一切、開かなかった。青山は「（責めると）下を向いてしまう。崖っぷちにいるから、後ろを向くと落ちる。前しか向かなかった」と舞台裏を明かす。

清田育宏は「『失敗しても大丈夫だから』という雰囲気があった。何も考えないでやれた。ああいう雰囲気を感じたのはあの時だけ」と述懐する。当時は新人だったが、緊迫した試合が続いても萎縮することなくグラウンドを駆け回った。日本シリーズで優秀選手賞を獲得するなどポストシーズンでも大活躍した。

プロ野球史上初めて3位チームが日本シリーズを制した。レギュラーシーズンの価値が揺らぐとの批判も出たが、平成19（07）年に導入されたCSは今やシーズン終盤の盛り上がりには欠かせないものとなっている。

「信は力なり」。京都・伏見工高で全国制覇した高校ラグビーの名将山口良治から贈られ、西村が大切にしている言葉だ。レギュラーと決めた選手は、不振でも起用し続けた。ベテランを使い過ぎだという声も耳に届いていたという。それでも「みんなを信じていくしかない。選手が役割を分かって、よくやってくれた」。信念を貫き、チーム一丸でつかんだ大逆転劇だった。

親友にささげた満塁弾

谷、木村コーチの追悼試合

巨人の谷佳知は人目をはばからず、涙を流した。平成22（2010）年4月24日の巨人―広島は、巨人の内野守備走塁コーチを務めていた木村拓也さんが同7日に37歳の若さで急逝し、両チームに在籍した故人の追悼試合として行われた一戦だった。2―3の八回1死満塁で代打逆転満塁本塁打を放ち、親友への思いがあふれ出た。

木村さんとは同学年で、ともに他球団からの移籍組。気が合い、公私に助け合ってきた。「振り抜くことしか考えていなかった。今日はもう、タクの日だったので」と言葉を詰まらせた。

誰からも慕われていた木村さんのために全員が懸命にプレーし、熱戦を演じた。亡き友に劇的な一打をささげた谷は「打てると思っていなかった。タクのおかげ」と涙が止まらなかった。

平成22年（2010年）

セ・リーグ　順位表　パ・リーグ

		勝	敗	分	勝率	差
①	中日	79	62	3	.560	ー
②	阪神	78	63	3	.553	1.0
③	巨人	79	64	1	.552	1.0
④	ヤクルト	72	68	4	.514	6.5
⑤	広島	58	84	2	.408	21.5
⑥	横浜	48	95	1	.336	32.0

		勝	敗	分	勝率	差
①	ソフトバンク	76	63	5	.547	ー
②	西武	78	65	1	.545	0.0
③	ロッテ	75	67	2	.528	2.5
④	日本ハム	74	67	3	.525	3.0
⑤	オリックス	69	71	4	.493	7.5
⑥	楽天	62	79	3	.440	15.0

日本シリーズ成績

ロッテ（西村監督）4勝2敗1分　○●○●○△○　中日（落合監督）2勝4敗1分

セ・リーグ　主な表彰選手　パ・リーグ

最優秀選手	和田一浩（中）	
最優秀新人	長野久義（巨）	
首位打者	青木宣親（ヤ）	.358
最多本塁打	ラミレス（巨）	49
最多打点	ラミレス（巨）	129
最優秀防御率	前田健太（広）	2.21
最多勝利	前田健太（広）	15
最多奪三振	前田健太（広）	174

最優秀選手	和田　毅（ソ）	
最優秀新人	榊原　諒（日）	
首位打者	西岡　剛（ロ）	.346
最多本塁打	T−岡田（オ）	33
最多打点	小谷野栄一（日）	109
最優秀防御率	ダルビッシュ有（日）	1.78
最多勝利	和田　毅（ソ）	17
	金子千尋（オ）	17
最多奪三振	ダルビッシュ有（日）	222

プロ野球十大ニュース

① ロッテがレギュラーシーズン3位からCSを勝ち上がり日本一
② 球団売却交渉が表面化しながらも破談となった横浜
③ 星野仙一氏が楽天の監督に就任
④ 金本知憲のフルイニング出場が1492試合でストップ
⑤ マートン、西岡剛、青木宣親がシーズン200安打を達成
⑥ 早大の斎藤佑樹を日本ハムがドラフト1位で交渉権獲得
⑦ ロッテ・西岡剛が米大リーグ、ツインズ入り
⑧ 中日が巨人のリーグ4連覇を阻み、ソフトバンクも劇的リーグ優勝
⑨ 広島・前田健太、オリックス・T−岡田と若手がブレーク
⑩ ビデオ判定に続き統一球の導入を決定
次点 巨人・木村拓也コーチ、日本ハム・小林繁コーチが急死

主な物故者

1月17日　小林　繁　巨人が浪人中の江川卓と野球協約を無視して入団契約を交わして騒動に発展した「江川事件」で、交換要員として巨人から阪神に移籍。移籍1年目に巨人戦の8連勝を含む22勝を挙げた。

平成23年［2011年］
セ、開幕日が二転三転

東日本大震災で迷走

平成23（2011）年3月15日、東日本大震災の発生から4日後に東京都内で開かれたプロ野球の年金運営委員会の席で、日本プロ野球選手会の会長を務めていた阪神の新井貴浩は甚大な被害を受けた仙台を本拠地にする楽天の高須洋介から悲痛な相談を受けた。
「今、仙台はとても野球をするレベルではないし、日々生活するのもいっぱいいっぱい。開幕を延期することはできないでしょうか」。セ、パ両リーグの開幕日は10日後の3月25日に迫っていた。

新井はすぐに動いた。ちょうどこの会議と並行して12球団による臨時実行委員会が東京都内で開かれていた。楽天が所属するパは開幕を4月中旬まで延期する方針を固めていたが、セは当初日程通りに開幕する考えを示していた。新井はこの実行委に出向き、開幕延期を訴えた。

巨人の球団会長を務めていた渡辺恒雄は16日、延期を求める意見を「俗説」と切り捨て「い

2011年３月、記者の質問に答える日本プロ野球選手会の新井貴浩会長＝内閣府

い緊張感のある試合をやれば、観衆は元気を持てるし、労働のエネルギーが出る、生産性が上がる」と自粛よりも経済活動を通じて復興に貢献するとの持論を展開。セはその流れをくむように予定通り開幕することを17日に発表した。

だが、この発表が行われていた夕刻に潮目が大きく変わる事態が起きる。ほぼ同時刻、海江田万里経済産業相が「予測不能な大規模停電が発生する恐れがある」として鉄道会社に対し、運行本数の削減などを要請。東京都心の百貨店が閉店時間を早め、企業の多くも就業時間を切り上げるなど大きく混乱した。

さらに18日、文部科学省から計画停電が実施されている東京電力と東北電力の管内でのナイターを実施しないように求められる。セは19日に臨時理事会を開催し、わずか４日だったが、開幕を遅らせると表明した。

選手会はパと同じ、４月12日への再延期を求めて働き掛けを強めた。新井は３月22日に文科省を訪問し「12球団一丸で難局に向かわないと、プロ野球は駄目になる」と強い危機感を漂わせた。

文科省からの度重なる要請もあり、セは24日にパと足並みをそろえることを決めた。当初開幕日のわずか1日前の決着だった。

開幕まで各チームは調整のために無観客で練習試合を行った。新井はその時のことが心に残っている。「日頃は球場にたくさん応援に来てくれる、そういう方が一人もいない。ただ野球をやっているだけ」。無人のスタンドを見上げて自分たちがファンにどれだけ支えられていたのかを実感した日々だったという。
セ、パ両リーグはこの年の公式戦を全て復興支援試合として実施。オールスター戦も当初、東京ドームで予定されていた試合を仙台で開催した。

森福の11球

日本一導く好救援

ソフトバンクと中日が顔を合わせた平成23（2011）年の日本シリーズは中日が優位に戦

いを進めていた。11月16日の第4戦。ソフトバンクの森福允彦がその流れを一変させた。2－1の六回無死満塁のピンチでマウンドに上がると、11球で3人の右打者をぴしゃりと抑えた。

制球力が武器。代打小池正晃から狙い通りに4球で空振り三振を奪うと、平田良介には徹底して内角を攻め、2球で左飛に仕留めた。最後は谷繁元信を速球で押し、5球目で遊ゴロに打ち取った。

逆転負けしていれば1勝3敗と後がなくなっていたが、この試合で粘ってチームは息を吹き返し、本拠地で行われた第7戦で日本一を手にした。最高殊勲選手（MVP）に選ばれた小久保裕紀が「森福が抑えてくれたのがシリーズの流れを変えた」とインタビューに答えると地元ファンは拍手で応えた。

平成23年（2011年）

セ・リーグ　順位表　パ・リーグ

		勝	敗	分	勝率	差
①	中日	75	59	10	.560	ー
②	ヤクルト	70	59	15	.543	2.5
③	巨人	71	62	11	.534	3.5
④	阪神	68	70	6	.493	9.0
⑤	広島	60	76	8	.441	16.0
⑥	横浜	47	86	11	.353	27.5

		勝	敗	分	勝率	差
①	ソフトバンク	88	46	10	.657	ー
②	日本ハム	72	65	7	.526	17.5
③	西武	68	67	9	.5037	20.5
④	オリックス	69	68	7	.5036	20.5
⑤	楽天	66	71	7	.482	23.5
⑥	ロッテ	54	79	11	.406	33.5

日本シリーズ成績

ソフトバンク（秋山監督）4勝3敗　●●○○○●○　中日（落合監督）3勝4敗

セ・リーグ　主な表彰選手　パ・リーグ

最優秀選手	浅尾拓也（中）	
最優秀新人	沢村拓一（巨）	
首位打者	長野久義（巨）	.316
最多本塁打	バレンティン（ヤ）	31
最多打点	新井貴浩（神）	93
最優秀防御率	吉見一起（中）	1.65
最多勝利	吉見一起（中）	18
	内海哲也（巨）	18
最多奪三振	前田健太（広）	192

最優秀選手	内川聖一（ソ）	
最優秀新人	牧田和久（西）	
首位打者	内川聖一（ソ）	.338
最多本塁打	中村剛也（西）	48
最多打点	中村剛也（西）	116
最優秀防御率	田中将大（楽）	1.27
最多勝利	ホールトン（ソ）	19
	田中将大（楽）	19
最多奪三振	ダルビッシュ有（日）	276

プロ野球十大ニュース

① セ・リーグは東日本大震災でも開幕を強行しようとして批判浴びる
② DeNAの球団買収が承認される
③ ソフトバンクが8年ぶり日本一
④ 中日が球団史上初のセ・リーグ2連覇
⑤ 巨人・清武英利代表が親会社の渡辺恒雄会長をコンプライアンス違反と批判
⑥ 統一球が導入され、得点と本塁打が減少
⑦ 日本ハムの注目ルーキー斎藤佑樹がデビュー
⑧ 楽天・田中将大が最多勝、最優秀防御率、最高勝率の3冠で沢村賞
⑨ 東海大の菅野智之が日本ハムのドラフト1位指名を拒否
⑩ ソフトバンクに移籍した内川聖一が両リーグ首位打者を達成
次点 西本幸雄氏、与那嶺要氏、伊良部秀輝氏が死去

主な物故者

11月25日　西本幸雄　「悲運の名将」。弱小球団だった阪急（現オリックス）や近鉄を強力なチームに変身させた。監督として8度のリーグ優勝を果たしたが、日本シリーズでは優勝できなかった。

平成24年［2012年］

新規参入、変わるチャンス

DeNA、即断即決で新風

2年にまたがる横浜球団の売却騒動はTBSからDeNAへの譲渡で決着した。球界になじみの薄い交流サイトを運営していたこともあり、オーナー会議で最後まで反対する球団が出る逆風もあったが、平成24（2012）年に新球団として船出した。

エース三浦大輔にとって親会社の交代は2度目だった。マルハからTBSに移ったのが平成14（02）年。その時と違い、今回は新潟などへの本拠地移転もうわさされ、報道を通じてのみ入る情報が選手の不安を増幅させていた。一方で、チームは4年連続で最下位に低迷しており「変われるチャンスだな」と、どこかに期待もあった。

球団社長に就任した池田純から頻繁に意見交換を求められた。「身売りが決まったオフの間かな。社長も話をしたいと言って来てくれたし、僕も話をしたかった」。横浜スタジアムでの一室から、場所を変えて何度も話し合いを重ねた。

その席で「優勝するために、強くなりたい」と伝えた。チームを長くエースとして支える中で感じてきた改善点、継承すべき伝統。自分よりも2学年下の社長と腹を割って話をした。「もちろん要望が全部通るわけじゃないが、無理な理由も説明してくれた。これはできるとなれば翌日にも変わる。とにかくスピードが早かった」と振り返る。

短いオフの間に横浜スタジアムのトイレが改修されたことには驚かされた。選手は使用する機会がなかったが、三浦が積極的に更新しているブログのコメント欄にはファンからの感謝の声があふれた。ブルペンの空調やモニターの位置、練習中のネットの配置といった細かい注文もすぐに実行に移された。右肩上がりにあるベンチャー企業の勢いを感じたという。

2012年4月の阪神戦で新球団としての初勝利を挙げ、ナインを迎えるDeNAの中畑監督。右は勝利投手の三浦＝京セラドーム

特にファン開拓への取り組みは「いろんなことが変わり過ぎて…」と話したように、今までの常識にとらわれず球界に新風を吹き込んだ。沖縄・宜野湾市にあるキャンプ地の球場はファウルゾーンの芝が刈られ、客席間近のノック場に改修され

た。

チケット戦略でも女装した客や住宅ローンを抱える男性の値引きなど、斬新なアイデアを次々と打ち出した。「球場のボールパーク化も進んで『横浜スタジアムは楽しいよ』という声がどんどん聞こえてきた」と言う。試合の満足度が低ければ、入場料を返金する企画は物議を醸すほど社会的に注目された。

中畑清監督の明るいキャラクターも相まってメディアへの露出は飛躍的に増え、次第にスタンドから熱が感じられてきた。「注目度が増す中でできるのはプロとして幸せなこと。キャンプも練習もそう。しんどい練習ももう一本、もう一踏ん張りできる」。平成10（1998）年のリーグ優勝を知る三浦にとっては久々の感覚だった。

球団を取り巻く変化の兆しに、プレーで応えようと一層、決意した。「野球の環境も、球団がどんどん整えていってくれた。でもプロ野球のチームだからやっぱり勝たないといけない。変われるよう、強くなれるように。その思いだけだった」と振り返る。

開幕3戦目の阪神戦、三浦が先発した試合で新球団は初勝利を挙げた。1年目も結局、最下位で成績が変わったわけではないが、横浜スタジアムの観客動員は1試合平均で前年比110%となった。

三浦は平成28（2016）年の引退セレモニーで「やっといいチームになったと自慢でき

る」と述べた。平成30（18）年、ホームでの観客動員は球団史上初めて200万人に達した。これはDeNA参入前年の倍近い数字だ。

横浜スタジアムは令和2年に開催される20年東京五輪で野球のメイン会場となる。平成31（19）年には右翼席後方に3500人収容の「ウィング席」を増設。オープン戦から3万人を超す観客であふれるスタジアムに生まれ変わった。三浦は3年ぶりに現場に復帰した。選手から投手コーチに立場は変わったが、プロとして好結果で応えようとする姿勢に変わりはない。逆境の中で芽吹いた球団は、大きく花開いている。

大谷、二刀流で日本ハム入り

メジャー挑戦か悩む

平成24（2012）年、岩手・花巻東高の大谷翔平が夏の岩手大会で高校野球史上最速の160キロを記録した。ドラフト1位候補の有望な高校生が直接、米球界入りした例はなかったが、大リーグのドジャースなどメジャー3球団と面談。10月21日に「若いうちに行きたい」と大リーグ挑戦を表明した。

それでも日本ハムは同25日のドラフト会議で1位指名。「夢への道しるべ」と題した約30枚の資料で早期に海外挑戦するリスクなどを力説。投手と打者の「二刀流」という異例の育成プランを提示して心を揺さぶった。

約1カ月半に及ぶ交渉の末、大谷は翻意。12月9日に日本ハム入りを発表した。プロ野球で平成28（16）年に10勝と22本塁打で史上初めて投手と指名打者の両部門でベストナインを受賞するなど活躍し、平成29（17）年オフにポスティングシステムを利用して大リーグでのプレーを実現した。

平成 24 年（2012 年）

セ・リーグ　順位表　パ・リーグ

		勝	敗	分	勝率	差
①	巨人	86	43	15	.667	—
②	中日	75	53	16	.586	10.5
③	ヤクルト	68	65	11	.511	20.0
④	広島	61	71	12	.462	26.5
⑤	阪神	55	75	14	.423	31.5
⑥	DeNA	46	85	13	.351	41.0

		勝	敗	分	勝率	差
①	日本ハム	74	59	11	.556	—
②	西武	72	63	9	.533	3.0
③	ソフトバンク	67	65	12	.508	6.5
④	楽天	67	67	10	.500	7.5
⑤	ロッテ	62	67	15	.481	10.0
⑥	オリックス	57	77	10	.425	17.5

日本シリーズ成績

巨人（原監督）4勝2敗　○○●●○○　日本ハム（栗山監督）2勝4敗

セ・リーグ　主な表彰選手　パ・リーグ

最優秀選手	阿部慎之助（巨）	
最優秀新人	野村祐輔（広）	
首位打者	阿部慎之助（巨）	.340
最多本塁打	バレンティン（ヤ）	31
最多打点	阿部慎之助（巨）	104
最優秀防御率	前田健太（広）	1.53
最多勝利	内海哲也（巨）	15
最多奪三振	杉内俊哉（巨）	172
	能見篤史（神）	172

最優秀選手	吉川光夫（日）	
最優秀新人	益田直也（ロ）	
首位打者	角中勝也（ロ）	.312
最多本塁打	中村剛也（西）	27
最多打点	李　大浩（オ）	91
最優秀防御率	吉川光夫（日）	1.71
最多勝利	摂津　正（ソ）	17
最多奪三振	田中将大（楽）	169

プロ野球十大ニュース

① 巨人が3年ぶり日本一
② WBC日本代表監督は難航の末に山本浩二氏が就任
③ 日本ハムは栗山英樹監督が就任1年目でリーグ優勝
④ 巨人は日本一の裏側で契約金の最高標準額超過問題など醜聞が相次いだ
⑤ 日本ハム・稲葉篤紀、ヤクルト・宮本慎也、ソフトバンク・小久保裕紀が通算2000安打
⑥ 広島・前田健太、巨人・杉内俊哉、オリックス・西勇輝の3投手がノーヒットノーラン
⑦ 阪神の金本知憲と城島健司、ソフトバンク・小久保裕紀が現役引退
⑧ 日本ハムが米球界希望の大谷翔平をドラフト1位で指名
⑨ 巨人・阿部慎之助が首位打者と打点王の2冠でMVP
⑩ DeNAの1年目は最下位に終わった

主な物故者

3月14日　榎本喜八　ロッテなどで通算2314安打を放ち「ヒットマシン」の異名を取った。通算2000安打に日本のプロ野球では最年少の31歳7カ月で到達した。

平成25年［2013年］
田中、前人未到の24勝無敗

楽天、東北へ届けた日本一

平成25（2013）年11月3日。楽天の田中将大は巨人との日本シリーズの最終第7戦、3−0の九回に名前をコールされた。前日に160球を投げていたエースの登板に沸くファンが登場曲を大合唱する中、マウンドに上がった。「あの声援は本当に力になって最後の一押しをしてくれた」。その言葉通り、試合を締め、球団創設9年目で初の日本一を東日本大震災で傷ついた東北の地に届けた。

この年、レギュラーシーズンを24勝無敗で終えて、前年からの連続シーズンでは28連勝と前人未到の記録を打ち立てた。それは数字だけでなく記憶にも残る活躍だった。球団初のパ・リーグ優勝、クライマックスシリーズ（CS）突破、日本一と、節目の試合では全て最後のマウンドを託された。

奇跡のようなシーズンだったが、序盤は不調に苦しんだ。第3回ワールド・ベースボール・

クラシック（WBC）では中継ぎに回り、もんもんとした気持ちのまま開幕を迎えた。「春先は状態が悪かった。だましだましやっていた」と振り返る。

調子が上がってきたのは5月下旬から6月にかけて。これに合わせるようにチームも浮上し、7月4日に首位に立った。田中は8月9日にプロ野球新記録の開幕16連勝、同16日には前年から21連勝で連続シーズンでの新記録も樹立。レギュラーシーズン終了まで記録を伸ばし続けた。

2013年10月、開幕24連勝を飾りボードを掲げる楽天・田中＝Kスタ宮城

優勝へのマジックナンバーを「2」として迎えた9月26日の西武戦は救援で待機していた。1―3とリードされた場面で場内を見渡しながらゆっくりと西武ドームのブルペンへ向かった。

「田中が行くぞ、と注目を浴びるだけで、球場の雰囲気、流れが変わったらいいなと思った」

その思いは現実となる。打線が七回に4―3と逆転。2位ロッテも敗れ、舞台が整った。九回に登板し、1死二、三塁のピンチを招いたが「この場面で引いたら負ける。自信ある球をコースに決めて投げた方がいい」と腹をくくる。栗山巧、浅村栄斗に1

50キロを超える直球を8球続けて連続三振に仕留めて胴上げ投手となった。

日本一まであと1勝として臨んだ日本シリーズ第6戦。先制点をもらいながら五回に逆転を許す。再逆転を信じて完投したが、前年8月以来の黒星が付いた。重い空気がチームを覆う。このシーズン終了後に米大リーグに挑戦するとみられており、誰もがメジャー移籍前最後の登板になったと思っていた。

だが、本人の思いは違った。

「夜、試合が終わってからずっと気持ちを切らしていなかった」

平成23(11)年に東日本大震災が発生してから2年半。「震災以降はより一層、東北の方々のためにという思いがあった」。冷たい雨が降る夜空の下、登場曲のFUNKY MONKEY BABYSの「あとひとつ」を合唱して迎えてくれたファンと思いが重なり、つかんだ栄冠だった。

バレンティンが60本塁打

「聖域」49年ぶり突破

ヤクルトのウラディミール・バレンティンが平成25（2013）年にシーズン60本塁打を放ち、プロ野球記録を49年ぶりに更新した。9月15日、神宮球場の左中間へ56号を運び、昭和39（1964）年に王貞治（巨人）が樹立し、タフィー・ローズ（近鉄）とアレックス・カブレラ（西武）が並んでいた最多記録を約半世紀ぶりに塗り替えた。

王の55号は超えることがはばかられる「聖域」とされてきた。昭和60（85）年のランディ・バース（阪神）は55号を目前にして巨人の投手陣から四球攻めを受け、平成13（2001）年にローズが56号に挑戦した際にはダイエー（現ソフトバンク）の首脳陣が勝負を避けることを示唆する発言をして物議を醸した。

だが、時代は変わった。記録更新の瞬間、球場は敵味方なく大歓声に沸いた。56号のボールを拾った阪神ファンから記念球を渡されたバレンティンは「相手チームのファンがホームランを喜んでくれることはない」と感激した面持ちだった。

平成25年（2013年）

セ・リーグ　順位表　パ・リーグ

		勝	敗	分	勝率	差
①	巨人	84	53	7	.613	ー
②	阪神	73	67	4	.521	12.5
③	広島	69	72	3	.489	17.0
④	中日	64	77	3	.454	22.0
⑤	DeNA	64	79	1	.448	23.0
⑥	ヤクルト	57	83	4	.407	28.5

		勝	敗	分	勝率	差
①	楽天	82	59	3	.582	ー
②	西武	74	66	4	.529	7.5
③	ロッテ	74	68	2	.521	8.5
④	ソフトバンク	73	69	2	.514	9.5
⑤	オリックス	66	73	5	.475	15.0
⑥	日本ハム	64	78	2	.451	18.5

日本シリーズ成績

楽天（星野監督）4勝3敗　●○○●○●○　巨人（原監督）3勝4敗

セ・リーグ　主な表彰選手　パ・リーグ

最優秀選手	バレンティン（ヤ）	
最優秀新人	小川泰弘（ヤ）	
首位打者	ブランコ（D）	.333
最多本塁打	バレンティン（ヤ）	60
最多打点	ブランコ（D）	136
最優秀防御率	前田健太（広）	2.10
最多勝利	小川泰弘（ヤ）	16
最多奪三振	メッセンジャー（神）	183

最優秀選手	田中将大（楽）	
最優秀新人	則本昂大（楽）	
首位打者	長谷川勇也（ソ）	.341
最多本塁打	アブレイユ（日）	31
最多打点	浅村栄斗（西）	110
最優秀防御率	田中将大（楽）	1.27
最多勝利	田中将大（楽）	24
最多奪三振	金子千尋（オ）	200

プロ野球十大ニュース

① 楽天・田中将大が24連勝でチームを初の日本一に導く
② ヤクルト・バレンティンが60本塁打
③ 楽天が東日本大震災の被災地に優勝を届けた
④ 統一球が公表されることなく低反発になっていたことが発覚
⑤ WBC3連覇はならず
⑥ 長嶋茂雄、松井秀喜の両氏が国民栄誉賞を同時受賞
⑦ 日本ハムのルーキー大谷翔平が「二刀流」に挑戦
⑧ プロ経験者の高校野球を指導する条件が大幅緩和された
⑨ 巨人が独走でセ・リーグ2連覇
⑩ 川上哲治氏、尾崎行雄氏、土橋正幸氏が死去
次点 広島が16年ぶりにAクラス

主な物故者

6月13日　尾崎行雄　17歳で高校を中退して東映（現日本ハム）に入団。「怪童」と呼ばれ1年目に剛速球を武器に20勝を挙げて球団初のリーグ制覇に貢献した。

10月28日　川上哲治　巨人V9の監督で「打撃の神様」。終戦直後に赤バットで国民に夢を与えた。

平成26年［2014年］

山本昌が最年長勝利

64年ぶりに記録更新

平成26（2014）年9月5日。中日の山本昌がナゴヤドームで行われた阪神戦でそのシーズンの初登板を果たし、5回を投げて5安打を許しながらも90球で無失点。49歳25日で白星を挙げ、昭和25（1950）年に48歳4カ月の浜崎真二（阪急＝現オリックス）が作った最年長勝利のプロ野球記録を64年ぶりに塗り替えた。

「最後の10年くらいは、今年で終わりかなっていつも考えていた。だから最後まで頑張ろうと。その繰り返し。その中で勝てた一つだった」。球史に名前を刻んだ1勝をそう振り返る。

この年は開幕前から記録更新の期待をかけられながら調子が上がらなかった。2軍でも打たれる日々。周囲からは「限界か」とささやかれた。「なんでこんなに駄目なんだろう。年なのか、自分の調子が悪いだけなのか。自問自答していた」と苦しみながらたどり着いたマウンドだった。

2014年9月、阪神戦に先発し、最年長勝利のプロ野球記録を更新した中日・山本昌＝ナゴヤドーム

大きな体をくねらせる独特のフォームから繰り出す135キロにも満たない直球と代名詞であるスクリューボールがさえた。一回1死三塁で鳥谷敬を直球で二ゴロ、ゴメスも直球で三振に仕留めた。

「球速よりスピンが効いていると言われるのはうれしかった。相手に球速以上に速く見えると言われ、これまでやってきた練習が間違いではなかったと思えた」

翌年にプロ野球初の50歳登板を果たした。数々の最年長記録を更新していくが、白星を挙げたのはこの日が最後だった。「出れば最年長だったから。打席に入っても何をやっても。だから、記録はあまり気にならなかった。ただ、本当に50歳で勝ちたかった」と話す。

神奈川・日大藤沢高時代、無名だった球児はスカウトに見いだされて昭和59（84）年にドラフト5位で入団した。「活躍できるなんて思ってなかった。プロの選手になっちゃっただけなので」と笑う。

長く厳しい世界で続けられた理由を「一つは強い体をもらったこと。あと、自分の体にアンテナを張ることがうまかった。ここまではできる、これ以上やったら壊れるという押し引きに優れていた」と分析する。

平成に入ってトレーニングは飛躍的に進化した。山本昌も最新の理論を取り入れて晩年まで柔軟性を保つことに成功した。だが、長くできたのはそれだけではない。本人は最大の要因を、ベテランになっても若い頃と変わらず、気が遠くなるような走り込みをしたことだと言う。

「中年の星」「レジェンド」と呼ばれても必死に野球と向き合った。「プロは年を取っているからといってハンディはもらえない。マウンドに上がったら対等。だからやってる本人はすごいことをしているとは思っていなかった」としみじみと語った。

大谷、最速に並ぶ162キロ

16年には記録更新

日本ハムの大谷翔平は平成26（2014）年10月5日の楽天戦で球速162キロをマークし、平成20（08）年にマーク・クルーン（巨人）が記録した公式戦最速に並んだ。本拠地の札幌ドームで最初から2、3イニング限定で登板するとエンジン全開。一、二回に162キロを計4球マークした。

岩手・花巻東高時代に160キロをマーク。日米での争奪戦の末に入団してプロ2年目を迎えていた。7月19日のオールスターゲーム第2戦では球宴新となる162キロを記録。鮮烈な印象を残したシーズンとなった。

その後も成長を続け、平成28（16）年6月5日の巨人との交流戦では163キロをマーク。10月16日のクライマックスシリーズ（CS）ファイナルステージでのソフトバンク戦では、抑えとして九回に登板し、プロ野球最速の165キロを3度マークしてチームを日本シリーズ進出に導いた。

平成26年（2014年）

セ・リーグ　順位表　パ・リーグ

		勝	敗	分	勝率	差
①	巨人	82	61	1	.573	ー
②	阪神	75	68	1	.524	7.0
③	広島	74	68	2	.521	7.5
④	中日	67	73	4	.479	13.5
⑤	DeNA	67	75	2	.472	14.5
⑥	ヤクルト	60	81	3	.426	21.0

		勝	敗	分	勝率	差
①	ソフトバンク	78	60	6	.565	ー
②	オリックス	80	62	2	.563	0.0
③	日本ハム	73	68	3	.518	6.5
④	ロッテ	66	76	2	.465	14.0
⑤	西武	63	77	4	.450	16.0
⑥	楽天	64	80	0	.444	17.0

日本シリーズ成績

ソフトバンク（秋山監督）4勝1敗　●○○○○　阪神（和田監督）1勝4敗

セ・リーグ　主な表彰選手　パ・リーグ

最優秀選手	菅野智之（巨）	
最優秀新人	大瀬良大地（広）	
首位打者	マートン（神）	.338
最多本塁打	エルドレッド（広）	37
最多打点	ゴメス（神）	109
最優秀防御率	菅野智之（巨）	2.33
最多勝利	メッセンジャー（神）	13
	山井大介（中）	13
最多奪三振	メッセンジャー（神）	226

最優秀選手	金子千尋（オ）	
最優秀新人	石川　歩（ロ）	
首位打者	糸井嘉男（オ）	.331
最多本塁打	中村剛也（西）	34
	メヒア（西）	34
最多打点	中田　翔（日）	100
最優秀防御率	金子千尋（オ）	1.98
最多勝利	金子千尋（オ）	16
最多奪三振	則本昂大（楽）	204

プロ野球十大ニュース

① ソフトバンク・秋山幸二監督が有終の日本一
② 日本ハム・大谷翔平がプロ野球史上初の同一シーズン2桁勝利、2桁本塁打
③ 中日・山本昌が49歳で最年長勝利
④ 星野仙一監督ら5球団で監督交代、秋山幸二監督は日本一で勇退
⑤ 巨人がセ・リーグ3連覇
⑥ 阪神が2位からCSを勝ち上がり日本シリーズ進出
⑦ キューバ政府が海外移籍を解禁
⑧ 交流戦を来季から18試合制へ削減決定
⑨ 日米野球が8年ぶりに復活
⑩ 中日・岩瀬仁紀が通算400セーブ
次点 カープ女子をはじめ各球団が女性ファンを開拓

主な物故者

9月26日　香川伸行　横幅のある体形と強打が相まって、人気漫画の主人公にちなんで「ドカベン」と呼ばれて人気を集めた。

平成27年［2015年］

「黒い霧」以来の不祥事

野球賭博、4人に失格処分

平成27（2015）年10月5日、巨人の福田聡志が野球賭博に手を染めていたことを球団が発表した。昭和44（1969）年に発覚した八百長行為に端を発した「黒い霧事件」以来となる不祥事に、プロ野球界は大きく揺れた。

コミッショナーとして対応に当たったのは元東京地検特捜部長の経歴を持つ熊崎勝彦。黒い霧事件の経緯は勉強していたというが「まさか現実になったか」と衝撃は大きかった。「国民の信頼を大きく裏切ることになりかねない。真相を徹底的に究明しなければ」と12球団の協力を得ながら、日本野球機構（NPB）に常設されている調査委員会に全容解明を指示した。10月21日、調査委は新たに巨人の笠原将生と松本竜也の関与を発表。福田を含む3人は11月に巨人との契約を解除され、コミッショナーから無期失格の処分を受けた。

事態はこれだけでは終わらなかった。翌年の平成28（2016）年3月、4人目となる巨人の高木京介の関与が発覚。前年の調査をすり抜けていたことになる。熊崎は「令状に基づき捜索、差し押さえができる捜査と違い、調査は任意。もどかしさは感じた」と振り返る。胴元側と目された人物は一貫して非協力的だった。

その中で威力を発揮したのが、選手らが提出した携帯電話の解析だった。削除されたメールのやりとりを復元し、口裏を合わせ「食事を賭けていた」といった虚偽の説明をしていたのを突き崩すなどの成果を上げた。

4月には処分軽減の可能性を示して「自主申告」を促す特別措置を実施。名乗り出た者はいなかったが「選手心理を推し量り、言いやすい環境をつくる」ことに努めた。

2018年５月、インタビューに答える NPB の熊崎勝彦前コミッショナー＝東京都港区

高木は賭博を行った試合が少なく、その後は誘いを断ったことや、調査に協力的だったことなどが考慮され、他の3人よりは軽い1年間の失格処分となった。処分が明けた平成29（17）年3月に巨人と再契約。平成30（18）年に3年ぶりの1軍登板を果たし、令和元（19）年に1軍で4年ぶりの白星を挙げた。

一連の調査では、チーム の勝敗に応じ、試合前の円陣で発声した選手を中心とする現金の授受が多くの球団で行われていたことも明らかになった。野球協約が禁じる野球賭博には当たらないとされたものの、球界のモラルが問われた。

苦い経験を踏まえ、プロ野球は賭博や薬物問題の根絶、反社会的勢力の排除への取り組みに、より力を入れている。「野球に打ち込んだ人間が野球を失うのは並大抵のことではない」と心を痛めつつ4人を処分した熊崎は「できるだけのことはやったが、今後絶対ないかは神様でない限り分からない。歴史的な不祥事を今後の教訓として生かさなければ意味がない」と再発防止への不断の努力を訴える。

山田、柳田がトリプルスリー

2人達成は65年ぶり

平成27（2015）年はヤクルトの山田哲人とソフトバンクの柳田悠岐が、打率3割、30本塁打、30盗塁の「トリプルスリー」を成し遂げた。同一シーズンで2人達成は昭和25（195

0）年の毎日（現ロッテ）の別当薫、松竹の岩本義行以来65年ぶりの快挙。ともにリーグ優勝の原動力となって最優秀選手（MVP）に選ばれた。

山田は38本塁打、34盗塁で史上初めて本塁打王と盗塁王を同時に獲得し打率は3割2分9厘。翌年の平成28（16）年に史上初の2度目のトリプルスリーを達成すると平成30（18）年には3度目を記録した。柳田は打率3割6分3厘で首位打者に輝いてのトリプルスリーを史上初めて達成し、34本塁打、32盗塁をマークした。

両者の直接対決となった日本シリーズでは、山田が第3戦で3打席連続本塁打を放ったが、チームとしてはソフトバンクが4勝1敗で2年連続の日本一となった。「トリプルスリー」は新語・流行語大賞の年間大賞に選ばれた。

平成27年（2015年）

セ・リーグ　順位表　パ・リーグ

		勝	敗	分	勝率	差
①	ヤクルト	76	65	2	.539	−
②	巨人	75	67	1	.528	1.5
③	阪神	70	71	2	.496	6.0
④	広島	69	71	3	.493	6.5
⑤	中日	62	77	4	.446	13.0
⑥	DeNA	62	80	1	.437	14.5

		勝	敗	分	勝率	差
①	ソフトバンク	90	49	4	.647	−
②	日本ハム	79	62	2	.560	12.0
③	ロッテ	73	69	1	.514	18.5
④	西武	69	69	5	.500	20.5
⑤	オリックス	61	80	2	.433	30.0
⑥	楽天	57	83	3	.407	33.5

日本シリーズ成績

ソフトバンク（工藤監督）4勝1敗　○○●○○　ヤクルト（真中監督）1勝4敗

セ・リーグ　主な表彰選手　パ・リーグ

最優秀選手	山田哲人（ヤ）	
最優秀新人	山崎康晃（D）	
首位打者	川端慎吾（ヤ）	.336
最多本塁打	山田哲人（ヤ）	38
最多打点	畠山和洋（ヤ）	105
最優秀防御率	ジョンソン（広）	1.85
最多勝利	前田健太（広）	15
最多奪三振	藤浪晋太郎（神）	221

最優秀選手	柳田悠岐（ソ）	
最優秀新人	有原航平（日）	
首位打者	柳田悠岐（ソ）	.363
最多本塁打	中村剛也（西）	37
最多打点	中村剛也（西）	124
最優秀防御率	大谷翔平（日）	2.24
最多勝利	大谷翔平（日）	15
	涌井秀章（ロ）	15
最多奪三振	則本昂大（楽）	215

プロ野球十大ニュース

① 「黒い霧」以来の野球賭博問題が発覚
② ソフトバンクが球団初の2年連続日本一
③ ソフトバンク・柳田悠岐とヤクルト・山田哲人がトリプルスリー達成
④ 西武・秋山翔吾が216安打でシーズン最多安打記録を更新
⑤ ヤクルトが14年ぶりV、交流戦ではセ6球団全てが勝率5割を切る珍事
⑥ 中日・山本昌が史上初の50歳登板を果たした
⑦ セ・リーグは3球団で監督が交代し、全監督が40代に若返った
⑧ 日本ハム・大谷翔平が最多勝、最優秀防御率、勝率第1位と3年目で初のタイトル
⑨ 中日の山本昌、小笠原道大ら名選手が相次いで引退
⑩ 中日・和田一浩、楽天・松井稼頭央が通算2000安打
次点 広島・前田健太がポスティングシステムで米大リーグ挑戦

主な物故者

7月14日　高橋一三　左腕エースとして巨人のV9を支えた。堀内恒夫とともに投手陣の柱を担った。
10月16日　盛田幸妃　大洋（現DeNA）、近鉄などで活躍し、脳腫瘍からの復活で「奇跡のリリーバー」と呼ばれた。

平成28年［2016年］

広島、再び黄金期到来

25年ぶりVから3連覇

平成28（2016）年、広島にとって25年ぶりの歓喜の瞬間が訪れた。9月10日の東京ドームでの巨人戦。緒方孝市監督が7度、宙を舞った。平成3（1991）年以来遠ざかっていたリーグ制覇。「最高に気持ち良かった。選手が頼もしい限り。本当によく頑張ってくれた」と達成感をにじませた。

昭和から平成初期にかけて〝赤ヘル旋風〟を巻き起こして黄金期を築いたが、平成10（98）年から15年連続でBクラスと長く低迷。主力選手が育ってはフリーエージェント（FA）で他球団へ移籍する悪循環もあり、もどかしい時代が続いた。

ようやく自前の育成が実って戦力が充実し始め、平成27（2015）年にFAで広島を一度は離れていた黒田博樹、新井貴浩がそろって復帰。平成28（16）年にはこの年、22歳となった鈴木誠也が2試合連続サヨナラ本塁打を含む3戦連続での決勝アーチを放ち「神ってる」のフ

2016年９月、25年ぶりのリーグ優勝を果たし、ファンの声援に応える広島・緒方監督＝東京ドーム

レーズでブレークするなど精神的支柱のベテランと伸び盛りの若手の力がかみ合い、独走で優勝を果たした。

それでも低迷期を知る緒方は「同じメンバーでは戦わない。常に新しい戦力、力に出てきてもらわないと」と気を緩めることはなかった。さらなる若手の台頭もあって、平成29（17）年に37年ぶりの２連覇、平成30（18）年にはセ・リーグで巨人以外では初となる３連覇までこぎ着けた。

再び黄金時代が到来する中、監督、選手が口々に言うのは、ファンへの感謝の思いだ。今でこそ満員が当たり前で、チケットの取りづらさは12球団随一となったが、寂しい時期が長かった。転機は、平成21（09）年の本拠地球場の移転。マツダスタジアムが完成して、球団を取り巻く環境も徐々に変化した。

オーナーの松田元は「街の誇りになるような球場が欲しかった」と当時を懐かしむ。チームが強くなるのと相まって、ファンの熱気は高まった。「こういう手頃な街だと野球の及ぼす影響は東京に比べて大きい。球場ができて、人が集まりだして、街の建設にも拍車がかかった気がする」と言うように、一体となって盛り上がった。

チームカラーへのこだわりも活性化の一因だ。移転に合わせ、ビジターのユニホームの上を赤一色に変えた。松田は「うちの（球団の）連中は赤には厳しいし、凝っている。よそがまねしてもあの独特の色は出せない。あれが女性に良かったんじゃないか」。後に流行語にもなった〝カープ女子〟で一大ブームが巻き起こり、人気拡大を後押しした。

チーム強化にも緻密なドラフト戦略を張り巡らせた。松田は「5年計画でいろんなことをやってきた。どこかで固まりをつくると強い」と狙いを明かす。田中広輔、菊池涼介。平成30（18）年オフにFAで巨人に移籍した丸佳浩の同学年トリオで「タナキクマル」を形成したように、2～3歳差の選手を意図的に固めて切磋琢磨《せっさたくま》させた。

逆転に次ぐ逆転で25年ぶりのリーグ優勝をつかんだ平成28年は神懸かっていると言われたが、決して偶然の産物ではなかった。球団が総力を挙げて低迷脱出に取り組んだ結果が、チームを生まれ変わらせた。

清原氏、薬物使用で逮捕

球界に衝撃走る

12球団がキャンプインしたばかりの平成28（2016）年2月2日、プロ野球界に衝撃が走った。西武や巨人などでスター選手として活躍した清原和博が、覚せい剤取締法違反の疑いで現行犯逮捕された。東京都内の自宅で逮捕された際には注射器などを手にしていたという。大阪・PL学園高の同級生で桑田真澄と「KKコンビ」として甲子園を沸かせ、プロで通算2000安打や500本塁打を達成した元スター選手の転落は世間の関心を集めた。

5月に東京地裁で行われた初公判には多くのファンが傍聴券を求めて列をつくった。清原は被告人質問で「自分の弱さで薬物に負け、引退後間もなく使い始めた。申し訳ない」と述べ、ファンらに謝罪。5月31日に懲役2年6月、執行猶予4年の判決が言い渡され、刑は確定した。

薬物依存症の治療を受け、社会復帰に向けて格闘している。平成31（19）年3月には厚生労働省が主催した依存症への理解を深めるイベントに登場して治療の重要性を訴えた。壇上で参加の打診を受けた時の心情を聞かれ「こつこつ治療してきたことが認められたと思い、うれしかった。苦しんでいる人のためになればとすぐに参加を決めた」と話した。

平成28年（2016年）

順位表

セ・リーグ

		勝	敗	分	勝率	差
①	広島	89	52	2	.631	−
②	巨人	71	69	3	.507	17.5
③	DeNA	69	71	3	.493	19.5
④	阪神	64	76	3	.457	24.5
⑤	ヤクルト	64	78	1	.451	25.5
⑥	中日	58	82	3	.414	30.5

パ・リーグ

		勝	敗	分	勝率	差
①	日本ハム	87	53	3	.621	−
②	ソフトバンク	83	54	6	.606	2.5
③	ロッテ	72	68	3	.514	15.0
④	西武	64	76	3	.457	23.0
⑤	楽天	62	78	3	.443	25.0
⑥	オリックス	57	83	3	.407	30.0

日本シリーズ成績

日本ハム（栗山監督）4勝2敗　●●○○○○　広島（緒方監督）2勝4敗

主な表彰選手

セ・リーグ

最優秀選手	新井貴浩（広）	
最優秀新人	高山　俊（神）	
首位打者	坂本勇人（巨）	.344
最多本塁打	筒香嘉智（D）	44
最多打点	筒香嘉智（D）	110
最優秀防御率	菅野智之（巨）	2.01
最多勝利	野村祐輔（広）	16
最多奪三振	菅野智之（巨）	189

パ・リーグ

最優秀選手	大谷翔平（日）	
最優秀新人	高梨裕稔（日）	
首位打者	角中勝也（ロ）	.339
最多本塁打	レアード（日）	39
最多打点	中田　翔（日）	110
最優秀防御率	石川　歩（ロ）	2.16
最多勝利	和田　毅（ソ）	15
最多奪三振	則本昂大（楽）	216

プロ野球十大ニュース

① 日本ハム・大谷翔平が「二刀流」でチームを日本一に導く
② 広島が25年ぶりセ・リーグ優勝
③ 41歳黒田博樹と39歳新井貴浩が広島をけん引
④ 西武、巨人などで活躍した清原和博が覚醒剤で逮捕
⑤ ヤクルト・山田哲人が2年連続トリプルスリーを達成
⑥ DeNAが初のクライマックスシリーズ進出
⑦ 巨人から野球賭博に関与していた4人目の選手が発覚
⑧ 新たに導入されたコリジョン（衝突）ルールで混乱
⑨ ドラフト会議で創価大の田中正義と桜美林大の佐々木隼人が5球団競合
⑩ 中日・谷繁元信、西武・田辺徳雄の両監督が退任

主な物故者

8月14日　豊田泰光　西鉄（現西武）黄金時代の内野手。引退後の評論活動が高く評価されて野球殿堂入りを果たした。

12月4日　荒川　博　王貞治に「一本足打法」を指導した。「荒川道場」と呼ばれる猛練習が有名だった。

平成29年［2017年］

大谷がメジャー挑戦

投打の「二刀流」

平成29（2017）年11月11日午前11時、大谷翔平は日本ハム時代につけた背番号「11」にちなんだ日時に米大リーグ挑戦を表明した。平成25（13）年にプロに入って以降、投打の「二刀流」で常識を覆し続けてきた。東京都千代田区内幸町の日本記者クラブで開かれた記者会見で、詰め掛けた約250人の報道陣を前に「一番の選手になりたい」と目標を掲げた。

大リーグの労使協定では25歳未満の外国人選手との契約額が制限されている。23歳だった大谷はあと数年待てば大型契約も十分に可能だった。それでも岩手・花巻東高時代から憧れ続けた夢を優先し、複数球団と面談した上でエンゼルス入りを決断した。

平成30（18）年の春季キャンプ。伝説の名選手ベーブ・ルース以来となる本格的な「二刀流」への挑戦には懐疑的な見方もあった。新たな環境への適応にも苦しみ、オープン戦では防御率27・00、打率1割2分5厘と振るわず、米メディアからは開幕マイナーの声も上がった。

逆風の中、開幕直前に右足を上げない新たな打撃フォームに変えたことが奏功する。敵地でのアスレチックスとの開幕戦に「8番・指名打者」で出場。「この先、忘れない打席になる」という気持ちで立った初打席で安打を放った。さらに3日後にマウンドに上がると、オープン戦とは別人のような投球で初登板勝利をマークした。

エンゼルスタジアムに戻ってからはさらに勢いが加速する。本拠地デビュー戦でアーチをかけるなど3試合連続本塁打の活躍でファンの心をがっちりとつかんだ。名前にちなんだ「SHO TIME」の愛称も定着。月間最優秀新人に選出された。

だが、順風満帆に思われた日々も長くは続かなかった。6月6日のロイヤルズ戦の登板で右肘の靱帯《じんたい》を痛め、約1カ月間の離脱を余儀なくされた。7月3日に打者として先行して復帰。9月2日のアストロズ戦で約3カ月ぶりにマウンドに立ったが、右肘に新たな損傷が見つかった。

投手で4勝、打者では打率2割8分5厘、メジャー1年目の日本選手では最多の22本塁打、61打点でシーズンを終え、10月1日

2018年3月、アスレチックスとの開幕戦でメジャー初打席初安打を放つエンゼルス・大谷翔平＝オークランド（共同）

にトミー・ジョン手術と呼ばれる靱帯再建手術を受けた。

波乱に満ちた1年目となったが、11月にはア・リーグ新人王に選出された。「素直にうれしい。レベルの高い中で一年間やって来られたことがいい経験になった」と喜んだ。

改元が近づいた平成31（19）年3月に尊敬するイチローから引退記者会見で「世界一の選手にならなきゃいけない」とエールを送られた。「平成」を駆け抜けたスターからバトンを渡され、表情を引き締める。「その言葉に恥じないように練習もそうだし、しっかり結果を出していきたい」。令和時代の旗手の一人として「一番」を目指して歩み続ける。

サファテ、最多セーブ更新

54セーブで日本一貢献

ソフトバンクのサファテが平成29（２０１７）年にプロ野球記録を大幅に更新するシーズン54セーブを挙げ、チームに2年ぶりのリーグ優勝と日本一をもたらした。抑え投手では平成10（１９９８）年の横浜（現ＤｅＮＡ）の佐々木主浩以来となる最優秀選手（ＭＶＰ）に選ばれた。

来日7年目だったこの年、4月2日に通算178セーブを挙げて外国人最多記録を更新すると、7月5日に史上6人目の200セーブを達成。150キロ半ばの剛速球とフォークボールを武器に66試合に登板しながらセーブ機会での失敗は1度だけと圧倒した。

日本シリーズ第6戦では1点を追う九回にマウンドに上がると3イニングを無失点。この好投でチームを延長十一回の末のサヨナラ勝ちに導き、日本シリーズ制覇につなげた。

平成29年（2017年）

セ・リーグ　順位表　パ・リーグ

		勝	敗	分	勝率	差
①	広島	88	51	4	.633	ー
②	阪神	78	61	4	.561	10.0
③	DeNA	73	65	5	.529	14.5
④	巨人	72	68	3	.514	16.5
⑤	中日	59	79	5	.428	28.5
⑥	ヤクルト	45	96	2	.319	44.0

		勝	敗	分	勝率	差
①	ソフトバンク	94	49	0	.657	ー
②	西武	79	61	3	.564	13.5
③	楽天	77	63	3	.550	15.5
④	オリックス	63	79	1	.444	30.5
⑤	日本ハム	60	83	0	.420	34.0
⑥	ロッテ	54	87	2	.383	39.0

日本シリーズ成績

ソフトバンク（工藤監督）4勝2敗　○○○●●○　DeNA（ラミレス監督）2勝4敗

セ・リーグ　主な表彰選手　パ・リーグ

最優秀選手	丸　佳浩（広）	
最優秀新人	京田陽太（中）	
首位打者	宮崎敏郎（D）	.323
最多本塁打	ゲレーロ（中）	35
最多打点	ロペス（D）	105
最優秀防御率	菅野智之（巨）	1.59
最多勝利	菅野智之（巨）	17
最多奪三振	マイコラス（巨）	187

最優秀選手	サファテ（ソ）	
最優秀新人	源田壮亮（西）	
首位打者	秋山翔吾（西）	.322
最多本塁打	デスパイネ（ソ）	35
最多打点	デスパイネ（ソ）	103
最優秀防御率	菊池雄星（西）	1.97
最多勝利	東浜　巨（ソ）	16
	菊池雄星（西）	16
最多奪三振	則本昂大（楽）	222

プロ野球十大ニュース

① 日本ハム・大谷翔平がメジャー挑戦を表明
② ドラフトで7球団競合の末に日本ハム・清宮幸太郎が誕生
③ ソフトバンクが2年ぶり日本一
④ ソフトバンクのサファテがプロ野球新の54セーブ
⑤ DeNAが3位から日本シリーズ進出
⑥ WBCは準決勝敗退
⑦ 広島が37年ぶりリーグ2連覇
⑧ 令和2（2020）年の東京五輪日本代表監督に稲葉篤紀が就任
⑨ 中日・岩瀬仁紀が歴代最多登板記録を40年ぶりに更新
⑩ 巨人が球団ワーストの13連敗
次点 楽天・則本昂大が8試合連続2桁奪三振

主な物故者

7月1日　上田利治　日本一3度の名将。阪急監督だった昭和53（1978）年、ヤクルトとの日本シリーズで本塁打の判定を巡り、1時間19分抗議。

平成30年［2018年］
ソフトバンク、平成最多日本一

〝根本マジック〟が礎

平成30（2018）年11月3日、ソフトバンクがダイエー時代を含めて平成に入って7度目の日本シリーズ制覇を果たした。巨人を上回り「平成最多日本一」の称号を手にした瞬間だった。平成17（05）年から球団を保有するソフトバンクの豊富な資金力も背景にあるが、常勝チームの土台をつくったのは〝球界の寝業師〟の異名を持つ故根本陸夫だ。

かつて黄金時代を築きながら長く低迷していた南海が、ダイエーに買収されて本拠地を大阪から福岡に移したのは、奇しくも平成が始まった1989年だった。当初は勝てない時期が続いたが、根本が平成5（93）年に西武を退団してダイエーの専務兼監督に就任して変化が始まる。

監督、コーチ、スカウトと豊富な経験と人脈を誇り、ドラフト会議やトレードでの敏腕ぶりは〝根本マジック〟と呼ばれ、昭和から平成初期にかけて西武に黄金期をもたらした。その手

1994年10月、ダイエーの根本前監督（左）の招請が成功し、就任の記者会見で心境を語る王新監督＝福岡市内のホテル

腕はダイエーでも発揮される。

平成6（94）年に西武との3対3の主力同士による大型トレードで秋山幸二を獲得。翌年には王貞治の監督招請に成功し、フリーエージェント（FA）で西武のエースだった工藤公康を手に入れた。ドラフトでは小久保裕紀、城島健司、斉藤和巳、井口資仁、松中信彦らを次々に指名し、チームの骨格をつくった。

だが、常勝チームへの道は平たんではなかった。最下位に低迷していた平成8（96）年5月9日に日生球場で行われた近鉄戦の試合後に〝事件〟が起きる。1点差で敗れ、球場から引き揚げようとしたバスにファンから生卵が投げ付けられた。

当時の監督で現在はソフトバンクの球団会長を務める王は「卵をぶつけられるような野球をやっているのは俺たちなんだ。屈辱ではあったけれど、いい刺激になった。どうやったらいいのか技術の向上につながった」と述懐する。

チームが初のリーグ優勝、初の日本一にたどり着いたのは、王の監督就任5年目の平成11（99）年。この年の4月に急逝した根本にささげる栄冠となった。

チームはこの優勝を機に軌道に乗る。平成21（2009）年からは王の後を、秋山が引き継いで監督となり、平成27（15）年からは工藤が指揮を執る。根本の遺産が脈々と受け継がれている。

既に監督として3度の日本一に輝いている工藤は、昭和56（1981）年のドラフト会議で西武からドラフト6位で強行指名された。社会人に進むことが決まっていたが、根本に説得されてプロの世界に飛び込んだ。「僕に社会のことを教えてくれたのは根本さん。そのおかげで僕がいる」と感謝する。

平成は終わっても戦いは続く。王は新元号の令和での初代王者に向け「われわれは余韻を楽しんでいる暇はない。今までで一番いい年にしたい」と先を見据えている。

アマ球界から直接米国へ

吉川、結城らが挑戦

米球界でも大リーグ、エンゼルスの大谷翔平が投打の「二刀流」で注目を浴びた平成30（2

018）年、アマ球界から吉川峻平と結城海斗の2人が日本のプロ野球を経験せずに直接、メジャーへ挑戦する道を選んだ。

吉川峻平は社会人野球のパナソニック時代に本格派右腕として注目された。ダイヤモンドバックスとマイナー契約を結んだ際に、日本野球連盟へ登録抹消届を提出しなかったことが社会人野球の規定に抵触。今後は社会人野球で活動できない重い処分を受けた。それでも関西大時代から憧れた米球界で「生活とか不安というよりは、野球ができる楽しみが大きい」と夢を膨らませている。

結城海斗は日本の高校に進まず、16歳でロイヤルズとマイナー契約を結んだ。将来性豊かな長身投手は甲子園大会を目指すより異例の挑戦を選んだ。

大リーグ挑戦の在り方は時代とともに変化してきた。日本人大リーガー第1号の村上雅則は南海（現ソフトバンク）からマイナーに野球留学中にジャイアンツに昇格。本格的なメジャー挑戦の扉を開いた野茂英雄は近鉄を任意引退の扱いとなって海を渡った。

その後、ロッテの伊良部秀輝のヤンキース移籍を巡って混乱。大リーグ側からルール整備を求められ、フリーエージェント（ＦＡ）になる前に移籍するための制度としてポスティングシステムが成立した。イチローをはじめ松坂大輔、ダルビッシュ有らがポスティング制度で移籍したが、独占交渉権を入札で争う方式だったために、落札額が高騰。2度の改定を経てＦＡに近い制度に落ち着いた。

日本のプロ野球を経ない選手はこれまでもいた。平成8（1996）年にマリナーズとマック鈴木が契約している。平成21（2009）年には田沢純一が新日本石油ENEOSからレッドソックス入りしたが、この挑戦を巡り、田沢側が平成20（08）年のドラフト会議前に、国内の12球団に指名回避の要望書を送ったことでプロ側は危機感を募らせた。12球団はアマ選手の海外流出防止策として、ドラフトを経ずに直接、海外の球団と契約した選手とは帰国後、大学・社会人は2年、高校生は3年間、契約しない〝田沢ルール〟を設けた。

その後、菊池雄星が平成21（09）年、大谷翔平が平成24（12）年にともに岩手・花巻東高を卒業後に直接、米球界に挑戦したいとの意思を表明したことはあったが、最終的に2人とも日本のプロ野球を経てメジャーに移籍。プロ野球が素通りされる時代はかろうじて回避されて来た。令和が幕を上げ、新時代の日米球界の関係はどのように変わっていくのか。

平成30年（2018年）

セ・リーグ　順位表　パ・リーグ

		勝	敗	分	勝率	差
①	広島	82	59	2	.582	ー
②	ヤクルト	75	66	2	.532	7.0
③	巨人	67	71	5	.486	13.5
④	DeNA	67	74	2	.475	15.0
⑤	中日	63	78	2	.447	19.0
⑥	阪神	62	79	2	.440	20.0

		勝	敗	分	勝率	差
①	西武	88	53	2	.624	ー
②	ソフトバンク	82	60	1	.577	6.5
③	日本ハム	74	66	3	.529	13.5
④	オリックス	65	73	5	.471	21.5
⑤	ロッテ	59	81	3	.421	28.5
⑥	楽天	58	82	3	.414	29.5

日本シリーズ成績

ソフトバンク（工藤監督）4勝1敗1分　△●○○○○　広島（緒方監督）1勝4敗1分

セ・リーグ　主な表彰選手　パ・リーグ

最優秀選手	丸　佳浩（広）	
最優秀新人	東　克樹（D）	
首位打者	ビシエド（中）	.348
最多本塁打	ソト（D）	41
最多打点	バレンティン（ヤ）	131
最優秀防御率	菅野智之（巨）	2.14
最多勝利	大瀬良大地（広）	15
	菅野智之（巨）	15
最多奪三振	菅野智之（巨）	200

最優秀選手	山川穂高（西）	
最優秀新人	田中和基（楽）	
首位打者	柳田悠岐（ソ）	.352
最多本塁打	山川穂高（西）	47
最多打点	浅村栄斗（西）	127
最優秀防御率	岸　孝之（楽）	2.72
最多勝利	多和田真三郎（西）	16
最多奪三振	則本昂大（楽）	187

プロ野球十大ニュース

① ソフトバンクが2年連続日本一
② 星野仙一さんと衣笠祥雄さんが死去
③ 広島が球団史上初のリーグ3連覇
④ 西武が強力打線で10年ぶりリーグ優勝
⑤ 伝統の巨人、阪神で監督交代
⑥ 巨人・菅野智之がCS初のノーヒットノーラン
⑦ 申告敬遠など新ルール導入、リクエストでは誤審騒動
⑧ 中日で復活した松坂大輔がカムバック賞
⑨ 中日・岩瀬仁紀が史上初の通算1000試合登板
⑩ 広島・新井貴浩、中日・岩瀬仁紀、西武・松井稼頭央らが現役引退
次点 ヤクルト・山田哲人が3度目のトリプルスリー達成

主な物故者

1月4日　星野仙一　中日のエースとして「燃える男」、中日、阪神、楽天の監督では「闘将」と呼ばれた。3球団でリーグ優勝を果たし、楽天を日本一に導いた。

4月23日　衣笠祥雄　2215試合連続出場のプロ野球記録を作った「鉄人」。

番外編・平成31年［2019年］

イチローが引退表明

東京ドームで最後の勇姿

改元まで残り1カ月あまりとなった平成31（2019）年3月21日、東京ドームで行われた米大リーグ、アスレチックス―マリナーズの開幕シリーズの第2戦。マリナーズのイチローが二回の第1打席で三邪飛に倒れて間もない午後7時に共同通信が「イチローが第一線を退く意向を球団に伝えたことが分かった」との速報を流した。

10分もたたずに各メディアのサイトに速報がアップされ始める。インターネットにニュースが流れていることに気が付いたファンが、次々にスマートフォンを取り出し、スタンドに驚きと戸惑いが入り交じったざわめきが広がった。「やめないで」との声が響き、大型ビジョンには「イチローありがとう」とメッセージボードを掲げるファンが映し出された。

第2打席からは、イチローの姿を目に焼き付けようと、立ち上がって応援する人が目立ち始め、1球ごとにどよめきが起こる。八回裏に一度、右翼の守備に就いたところで交代が告げられると、観客は総立ちとなり、球場は万雷の拍手に包まれた。

イチローがゆっくりと走りだす。ベンチの前でチームメート一人一人と抱き合い、米国野球殿堂入りしたケン・グリフィー氏にも出迎えられた。マーリンズ時代から一緒にプレーしたディー・ゴードンや、この試合でメジャーデビューを飾った菊池雄星は涙を流して引退を惜しんだ。約3分間、試合は止まり、アスレチックスの選手も含めたグラウンドにいる全員が拍手を送って敬意を示した。

延長にまでもつれ込み、試合が終わったのは午後10時半ごろ。それでもファンは球場に残り「イチロー・コール」を20分以上も続けた。鳴り止まない歓声にアンコールに応えるようにイチローが三塁ベンチから姿を現し、ゆっくりと場内を一周した。

「あんなものを見せられたら、後悔などあろうはずがありません」

直後の引退記者会見でそう振り返ったように、両手を挙げて声援に応え、現役選手として最後のユニホーム姿を披露した。

午後11時半ごろ、マリナーズから正式に現役引退が発表され、記者会見が始まったのは深夜11時56分。「現役生活に終止符を打ち、引退することになりました」と話し始めた会見は、日付をまたいで1時間23分にわたって行われた。

「貫けたのは野球を愛したこと。これが変わることはなかった」。誰よりも野球のことを考えて、全てをささげてきた自負がある。「振り子打法」と呼ばれる独特のフォームでプロ野球史上初のシーズン200安打を放ち、前人未到の7年連続首位打者を獲得。日本人野手として初めて大リーグに挑戦した平成13（2001）年には242安打を放ち、打率3割5分をマーク。新人の最多安打記録を更新してア・リーグ最優秀選手（MVP）と新人王を同時受賞した。平成16（04）年には262安打でシーズン最多記録を84年ぶりに更新するなど10年連続で200安打を達成。大リーグでの19年間で米野球殿堂入りの目安と言われる通算3000安打を超える3089安打を放ち、日米通算では4367安打と誰よりも安打を積み上げた。

「あるときまでは自分のためにプレーすることがチームのためにもなるし、見てくれている人も喜んでくれているかなと思っていたんですけど、ニューヨークに行ったあとくらいからですかね。人に喜んでもらえることが一番の喜びに変わってきたんです。その点でファンの存在なくしては、自分のエネルギーは全く生まれないと言っていいと思います」

振り子打法に始まり、常識にとらわれないスタイルで平成を駆け抜けた。会見では次世

2019年３月、引退記者会見で話すマリナーズのイチロー外野手＝東京都内のホテル

イチロー外野手の足跡　※日付は現地時間

1992年	•７月12日にオリックスでプロ初安打
94年	•鈴木から「イチロー」に登録名変更
	•プロ野球記録のシーズン210安打
2000年	•プロ野球新の7年連続首位打者
	•入札制度で11月にマリナーズ入団決定
01年	•首位打者、MVP、新人王に輝く
04年	•５月21日に日米通算2000安打
	•84年ぶりに大リーグ記録を破るシーズン262安打
07年	•オールスター戦で史上初のランニング本塁打を放ちMVP
08年	•７月29日に日米通算3000安打
09年	•４月に日米通算で張本勲の日本プロ野球記録3085安打を抜く
	•９月13日に大リーグ新記録の9年連続200安打
10年	•９月23日に10年連続200安打
11年	•シーズン184安打で終わり、連続シーズン200安打は10年で途切れる
12年	•７月23日にヤンキース移籍
13年	•８月21日に日米通算4000安打達成
15年	•１月にマーリンズ移籍
16年	•６月15日にピート・ローズの大リーグ記録4256安打を日米通算で抜く
	•８月７日に大リーグ3000安打達成
18年	•３月７日にマリナーズに6年ぶり復帰
	•５月３日に会長付特別補佐に就任、選手登録を外れる
19年	•１月24日にマリナーズがマイナー契約を発表
	•３月21日に現役引退表明

代を担う選手への思いも語った。特にエンゼルスの大谷翔平には「世界一の選手にならないといけない」と言う。投打の「二刀流」として大リーグでも旋風を巻き起こしている後輩に対して「ワンシーズンごとに、サイ・ヤング賞（最優秀投手）とホームラン王を取ったら。そんなこと考えられないですよ。でも、翔平は想像させるじゃないですか」と常識を軽々と超える姿にエールを送った。

試合に対する入念な準備がイチローを45歳まで支えてきた。本気で50歳まで現役でプレーすると信じて、トレーニングを重ねてきた。その姿は孤独な求道者に例えられた。

「メジャーリーグに来て、自分が外国人になったことで、人の心をおもんばかったり、人の痛みを想像したり、今までなかった自分が現れたんです。その体験は未来の自分にとって大きな支えになるんだろうと、今は思います。つらいこと、しんどいことから逃げたいと思うのは当然のことなんですけど、でもエネルギーのある元気なときにそれに立ち向かっていく、そのことはすごく人として重要なことなのではないかと感じています」

そう話すと「締まったね。最後。眠いでしょ、皆さんも。じゃあ、そろそろ帰りますか」といたずらっぽい笑みを浮かべ、椅子の真後ろに立って深々と頭を下げた。午前1時19分。平成時代とともに歩んだ28年間の軌跡を振り返った会見は終わった。

記録アラカルト

選手編

金本が打撃部門3冠

平成通算ランキング

平成のプロ野球で輝いた選手たちを記録から振り返った。打者では広島と阪神で活躍した金本知憲が2539安打、476本塁打、1521打点で主要3部門を制した。平成4(1992)年にデビューし、引退は平成24(2012)年。まさに平成のど真ん中で一時代を築いた。

1492試合連続フルイニング出場の記録を打ち立て「鉄人」と呼ばれた金本を試合数で上回ったのが、横浜(現DeNA)と中日で扇の要を務めた谷繁元信だ。平成元(1989)年のデビューで、プロ野球記録の3021試合出場がそのまま平成の最多記録となった。

西武、巨人などで絶大な存在感を発揮した清原和博は通算525本塁打で金本を上回るものの、平成だけでは434本で3位。近鉄、巨人、オリックスで464本を放ったタフィー・ローズが2位に入った。

安打数の2位は横浜、広島で2432本を記録した石井琢朗。中日で巧打者として鳴らした立浪和義は石井より通算安打が多いが、高校出1年目だった昭和63（88）年の75本を除くと2405本で平成3位となる。

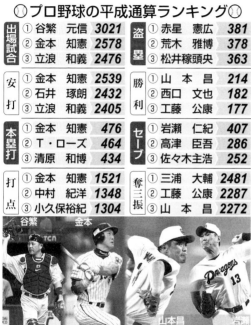

プロ野球の平成通算ランキング

出場試合	①	谷繁　元信	3021
	②	金本　知憲	2578
	③	立浪　和義	2476
安打	①	金本　知憲	2539
	②	石井　琢朗	2432
	③	立浪　和義	2405
本塁打	①	金本　知憲	476
	②	T・ローズ	464
	③	清原　和博	434
打点	①	金本　知憲	1521
	②	中村　紀洋	1348
	③	小久保裕紀	1304
盗塁	①	赤星　憲広	381
	②	荒木　雅博	378
	③	松井稼頭央	363
勝利	①	山本　昌	214
	②	西口　文也	182
	③	工藤　公康	177
セーブ	①	岩瀬　仁紀	407
	②	高津　臣吾	286
	③	佐々木主浩	252
奪三振	①	三浦　大輔	2481
	②	工藤　公康	2287
	③	山本　昌	2272

阪神の赤星憲広はけがで引退を余儀なくされわずか9年の現役生活にとどまったが、381盗塁で378個の荒木雅博（中日）を抑えて1位となった。

平成の最多勝は中日で50歳までプレーした山本昌。通算219勝のうち214勝を平成で稼いだ。プロ野球記録の407セーブをマークした岩瀬仁紀（中日）は文句なしのセーブ王だ。奪三振では横浜、DeNAで活躍した三浦大輔が2481個でトップに輝いた。

西武、ダイエー（現ソフトバンク）などを渡り歩いた工藤公康は通算224勝、2859奪三振で山本昌や三浦を上回っているが、平成のランキングでは177勝が3位、2287奪三振が2位となった。

米大リーグの成績を合算した日米通算では、オリックス、マリナーズなどで活躍したイチローが4367安打、巨人やヤンキースで主軸を務めた松井秀喜が507本塁打を放っている。

チーム編

平成最多勝は巨人
日本一はソフトバンク

平成に入っても昭和時代に盟主としてプロ野球をけん引した巨人の強さは変わらなかった。

平成終盤に苦しんだ印象があるが、球団別の勝利数を見ると平成時代に存在した13球団の中でトップの2263勝と、昭和に引き続き王者だったことが分かる。リーグ優勝回数もセ、パ両リーグを通じてトップの12度を数え、日本シリーズは西武に並んで最多の10度の出場で6度の日本一に輝いている。

平成中盤から台頭してきたのがダイエー（現ソフトバンク）だ。南海から球団を買収してダイエーとなって11年目の平成11（1999）年にリーグ優勝と日本シリーズ制覇を果たすと、着実に常勝チームに成長。平成22（2010）年以降は5度、頂点に立つなど平成最多の7度の日本一を手にした。

平成のプロ野球勝敗表

	勝	敗	分	勝率
巨人	2,263	1,839	80	.552
西武	2,220	1,828	106	.548
ダイエー(ソフトバンク)	2,142	1,901	113	.530
中日	2,104	1,996	86	.513
近鉄	1,066	1,016	51	.512
ヤクルト	2,049	2,060	81	.499
日本ハム	2,019	2,038	98	.498
広島	2,026	2,077	85	.494
オリックス	1,949	2,095	111	.482
阪神	1,978	2,132	78	.481
ロッテ	1,909	2,137	108	.472
楽天	902	1,072	47	.457
横浜(DeNA)	1,838	2,274	76	.447

忘れてはならないのは西武。昭和末期から平成前半まで圧倒的な強さを誇った。昭和と分断されたために平成だけの数字では2位に甘んじたが、リーグ優勝は11度。日本シリーズも10度の出場で5度の優勝と安定した強さを発揮した。

この3球団に続くのは平成に入って黄金期をつくったヤクルトだ。知将、野村克也の下でチームの基礎をつくり、リーグ優勝6度で、4度の日本一に輝いた。

苦しい時期を過ごしたのは広島。平成3（19

91）年にリーグ優勝したが、日本シリーズでは西武に敗れた。これを最後に長く優勝から遠ざかり、長期低迷の時代を過ごした。平成28（2016）年に25年ぶりとなるリーグ優勝を果たし、勢いに乗って球団史上初のリーグ3連覇も達成した。だが、短期決戦では苦杯をなめ、阪神、近鉄とともに平成の間には日本一に届かなかった。

平成のプロ野球 監督勝利数5傑

野村克也	1053
星野仙一	1034
王　貞治	968
原　辰徳	963
仰木　彬	914

監督の通算勝利数ではヤクルトの黄金時代をつくり阪神、楽天でも指揮を執った野村克也が1053勝で1位だった。2位は中日、阪神、楽天の3球団でリーグ優勝を果たした星野仙一の1034勝。3位はダイエー、ソフトバンクの監督を務め、現在の常勝チームの礎をつくった王貞治の968勝。4位には平成31（19）年から巨人で3度目の監督に就任した原辰徳が963勝で入り、5位は近鉄、オリックスで野茂英雄やイチローといった個性派集団をまとめ上げた仰木彬の914勝だった。

あとがき

夜の首都高速道路1号羽田線、米国から一時帰国中で多忙な松井秀喜さんに無理を言って都心に向かう車に同乗させてもらっていた。

「どうしてたかなあ」

車窓に流れるビル群の明かりを眺めながら松井さんはそうつぶやいた。米大リーグ挑戦を表明する前夜のことを聞いていたときだった。もしも、長嶋茂雄さんに引き留められていたとしてもフリーエージェント（ＦＡ）宣言していたのかとの問いに、一拍置いて独りごちるように言葉をつないだ。

「みんなが行っていいと言ってくれたからね」

松井さんの中で長嶋さんから反対されることは、そもそも想定されていなかったのだと思う。この取材は平成30（２０１８）年8月にしたのだが、実はこの年の4月、まだ胆石の治療のために入院する前の長嶋さんにもインタビューの中でこの夜のことを聞いていた。松井さんにメジャーに挑戦したいと言われて何と答えたのですかという質問は「えへへ」と笑ってはぐらかされた。その代わりに「僕も時代が許していれば、行きたかったからね」という話をしていただいた。

本書は平成30年3月から令和に改元される直前の平成31(19)年4月まで共同通信から「平成プロ野球史」として配信した連載記事を基にまとめたものだ。今回の企画は元々、平成30年の年初に現場の記者からシーズン中の試合が無い月曜日に「平成を1年ごとに振り返る連載はどうでしょう?」という提案を受けたことが始まりだった。4月から10月までのシーズン中の月曜日がだいたい30回。その年にあったことを過去の記事や資料などを基に書き起こすというのが当初のプランだった。

担当記者が自分の球団の歴史を勉強する上でいい企画だと思ったが、どうせやるなら改めて当時の関係者を取材させたいと考えた。新しい話を発掘できないまでも、取材を通じて人脈が広がるのではないかという思いもあった。そして何より、デスクになって10年がたち、取材に出る機会が減っていた自分自身が、会いたい人に会い、話を聞きたい人に直接、聞きに行けるとの下心があった。

王貞治さんやイチローとして日米で活躍した鈴木一朗さん、古田敦也さん、松井稼頭央さん、松坂大輔さん、金本知憲さん、宮本慎也さん、田中将大さんら一線でユニホームを着て活躍した人たちだけでなく、熊崎勝彦前コミッショナー、オリックスの宮内義彦オーナー、広島の松田元オーナーに至るまで、ここに書き切れないほど多くの人に取材に応じてもらった。共同通信のプロ野球担当記者にとってはその取材そのものが大切な経験になったはずで感謝の念に堪えない。

平成で区切って見たとき、偶然ではあったが、プロ野球界はちょうど変革の時代だった。それはグローバル化であり、地域密着という形でのローカライゼーションであり、トレーニングをはじめ野球そのものの進化という形で現れた。30年を振り返る記事を並べると、その動きが密接に絡み合って進んできたことが浮かび上がる。

共同通信に入社してプロ野球担当記者となる前は、一野球ファンとして昭和の野球を見ていた。かつて新聞やテレビ、ラジオには魅力的なキャラクターが多く描かれ、少々、劇画チックではあったけれど、選手の姿が活写されていた。それに比べて現在、プロ野球報道に関わる身として、自分たちは選手や試合を魅力的に伝えられているのだろうかとの思いがどこかにあった。

今回、手前みそになるが、記者から送られて来た原稿はどれも面白かった。取材、執筆した記者の中には平成生まれの記者もいる。取材する上で実際に自分では同時代に見ていないこともたくさんあったと思う。丁寧に話を聞き、調べることでいい記事が生まれたのではないかと思っている。

そして何より平成の野球そのものが面白かったのだという当たり前のことに気が付いた。昭和があって平成がある。そして平成がベースになって、令和の時代に物語が紡がれていく。過去の出来事を記録することを目的に始めた企画だが、リアルタイムに生き、未来につながる仕事になっていれば幸いです。

共同通信運動部プロ野球デスク　石原秀知

執筆者一覧

石原　秀知　**一般社団法人共同通信社編集局運動部**

平成元年「球界に新風吹き込む」、2年「落合が両リーグ本塁打王」、3年「ラッキーゾーン撤去」「ロッテ、千葉に移転」、7年「野茂がメジャー挑戦」、13年「松井、力勝負で2ラン」、14年「松井がメジャー挑戦表明」「カブレラ“聖域”破れず」、17年「交流戦がスタート」、18年「金本、鉄人記録を更新」、20年「王監督、突然の退任発表」、21年「マツダスタジアムが開場」、23年「セ、開幕日が二転三転」「森福の11球」、25年「バレンティンが60本塁打」、29年「サファテ、最多セーブ更新」、番外編・31年「イチローが引退表明」、記録アラカルト・チーム編

山川　　岳　**一般社団法人共同通信社編集局運動部**

平成5年「清原『魂のぶつかり合い』」「FA制度を導入」、6年「『10·8』同率首位決戦」、15年「巨人、原監督が辞任」、28年「清原氏、薬物使用で逮捕」

早川　雄三　**一般社団法人共同通信社編集局運動部**

平成4年「ヤクルト、ID野球で変革」「松井のくじ引き当てる」、9年「球界揺るがした脱税事件」、11年「新庄、敬遠をサヨナラ打」、16年「球界再編に揺れた一年」「新庄、球宴で本盗決める」、19年「セ、パでCS導入」

児矢野雄介　**一般社団法人共同通信社編集局運動部**

平成元年「巨人、崖っぷちから日本一」、2年「野茂、衝撃デビュー」、8年「『メークドラマ』で大逆転」「イチロー、球宴で登板」、12年「『ON』が頂上決戦」「シドニー五輪でメダル逃す」、27年「『黒い霧』以来の不祥事」「山田、柳田がトリプルスリー」、記録アラカルト・選手編

小泉　　智　**一般社団法人共同通信社編集局運動部**

平成13年「北川、人生変わる劇的一発」、20年「北京五輪4位に沈む」

河部　信貴　**一般社団法人共同通信社編集局運動部**

平成11年「怪物松坂、鮮烈デビュー」、26年「山本昌が最年長勝利」

小林　陽彦　**一般社団法人共同通信社編集局運動部**

平成10年「横浜、38年ぶり日本一」「ロッテ、七夕の悲劇」、24年「新規参入、変わるチャンス」「大谷、二刀流で日本ハム入り」

山本　駿	**一般社団法人共同通信社編集局運動部**	
	平成 28 年「広島、再び黄金期到来」	
秋友　翔大	**一般社団法人共同通信社編集局運動部**	
	平成 17 年「半世紀ぶりの新球団誕生」	
浅山　慶彦	**一般社団法人共同通信社大阪編集局運動部**	
	平成 22 年「ロッテ“下克上”で日本一」「親友にささげた満塁弾」	
大島　優迪	**一般社団法人共同通信社大阪編集局運動部**	
	平成 15 年「阪神、18 年ぶりリーグ優勝」	
福井南都子	**一般社団法人共同通信社大阪編集局運動部**	
	平成 7 年「被災地と共に戦った日々」	
岩田　朋宏	**一般社団法人共同通信社大阪編集局社会部**	
	平成 18 年「王ジャパン、世界で躍動」	
山形　英資	**一般社団法人共同通信社仙台編集部**	
	平成 26 年「大谷、最速に並ぶ 162 キロ」	
門馬佐和子	**一般社団法人共同通信社名古屋運動部**	
	平成 19 年「山井、幻の完全試合」	
松坂和之進	**一般社団法人共同通信社福岡運動部**	
	平成 30 年「ソフトバンク、平成最多日本一」	
上地　安理	**一般社団法人共同通信社ニューヨーク支局**	
	平成 25 年「田中、前人未踏の 24 勝無敗」	
大坪　雅博	**一般社団法人共同通信社ニューヨーク支局**	
	平成 9 年「リトル松井、飛躍の 4 盗塁」	
松下　裕一	**一般社団法人共同通信社ロサンゼルス支局**	
	平成 29 年「大谷がメジャー挑戦」、30 年「アマ球界から直接米国へ」	
小西　慶三	**一般社団法人共同通信社特別契約記者**	
	平成 6 年「イチローが 210 安打」、21 年「イチロー、鮮やか決勝打」	

平成プロ野球史

名勝負、事件、分岐点―記憶と記録でつづる30年―

発行日　2019年7月20日

編著者　共同通信社運動部
発行人　岩永陽一
発行所　株式会社共同通信社
〒105－7208　東京都港区東新橋1－7－1　汐留メディアタワー
電話：03（6252）6021　ファクス：03（5568）1109
URL　https://www.kyodo.co.jp　メールアドレス　order@kyodonews.jp
装　丁　野津明子（böna）
写　真　共同通信社、ロイター
印　刷　株式会社太平印刷社

ISBN978-4-7641-0712-0 C0075

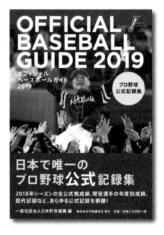